Michael Wachholz
Mitarbeiterführung im ärztlichen Dienst

Michael Wachholz

Mitarbeiterführung im ärztlichen Dienst

—

DE GRUYTER

Autor

Michael Wachholz
Kompetenz im Krankenhaus
Kompetenz Training
Brückstraße 43
45239 Essen
E-Mail: m.wachholz@kompetenz-trainieren.de

ISBN: 978-3-11-049546-1
e-ISBN (PDF): 978-3-11-049555-3
e-ISBN (EPUB): 978-3-11-049271-2

Library of Congress Cataloging-in-Publication data
A CIP catalog record for this book has been applied for at the Library of Congress.

Bibliografische Information der Deutschen Nationalbibliothek
Die Deutsche Nationalbibliothek verzeichnet diese Publikation in der Deutschen Nationalbiblio-
graphie; detaillierte bibliografische Daten sind im Internet über http://dnb.d-nb.de abrufbar.

© 2017 Walter de Gruyter GmbH, Berlin/Boston
Einbandabbildung: Minerva Studio/Shutterstock
Datenkonvertierung/Satz: Satzstudio Borngräber, Dessau-Roßlau
Druck und Bindung: CPI books GmbH, Leck
♾ Gedruckt auf säurefreiem Papier
Printed in Germany

www.degruyter.com

Für Bonnie

Vorwort

Ein schwer verletzter Patient wird in die Notaufnahme gebracht.
Entsetzt schaut der Chirurg ihn an. „Ich kann ihn nicht operieren. Es ist mein Sohn."
Der Chirurg ist nicht der Vater.

Wer ist es?

Bitte überlegen Sie kurz, bevor Sie umblättern.

Es ist die Mutter.

Dieses kleine Rätsel soll zeigen, wie selten wir an Frauen denken, wenn wir die männlichen Bezeichnungen wählen.

Da die Chefarzt-Positionen zu annähernd 80 % von Männern besetzt sind, habe ich mich mit Tom und Justus für männliche Protagonisten entschieden. Allen anderen Beteiligten sind gleichermaßen Frauen und Männer.

Für eine bessere Lesbarkeit verzichte ich – mit entsprechenden Bedenken – darauf, immer beide Geschlechter zu nennen. Alle Ärztinnen, Mitarbeiterinnen, Kolleginnen,... mögen mir das bitte verzeihen. Natürlich gelten alle Aussagen gleichermaßen für beide Geschlechter.

Wenn Sie, liebe Leserinnen und Leser, eine Anregung für eine bessere Lösung haben, bin ich für Ihren Hinweis dankbar.

Michael Wachholz
m.wachholz@kompetenztrainieren.de

Inhaltsverzeichnis

1 Mitarbeiterführung

1.1 Wenn die Lösung das Problem ist

„Mein Freund Robin! Guter Vortrag. Ich war mir nie ganz sicher, ob die Anderen wirklich recht hatten, als sie sagten, dass aus dir nichts wird." Justus zwinkerte seinem ehemaligen Kommilitonen Tom zu. Offensichtlich hatte er immer noch die Gewohnheit seine Freunde mit wechselnden Namen anzusprechen. Wie lange hatten Sie sich nicht gesehen? Justus Schläfen sind jetzt grau und seine Lachfalten tiefer geworden.

„Danke Justus. Die Einzige, die immer zu mir gehalten hat, war deine Frau." kontert Tom.

„Das wundert mich nicht. Bei ihrer Partnerwahl hatte Bianca noch nie eine glückliche Hand."

Tom rechnete kurz nach. Wenn es noch die gleiche Bianca ist, dann sind die beiden jetzt über 30 Jahre zusammen.

Justus weist auf zwei leere Plätze an einem Tisch. Während sie sich setzen, gratuliert er Tom zur neuen Stelle. „Respekt, da gehört schon was zu. Wie geht's denn der Familie?"

Toms Lächeln versteift sich etwas. „Gut, danke."

„Höre ich ein Zögern?"

„Offen gesagt: Wir haben wir gerade eine Krise."

„Krise?" hakt Justus nach.

„Sandra meint, dass ich nur noch im Krankenhaus bin."

„Und wie geht's den Jungs?"

Tom erzählt, dass er sie meist nur sonntags Zeit für sie hat, was die Jungs allerdings nicht zu stören scheint. „Schwieriges Alter."

Justus denkt an seine Kinder. „Schwieriges Alter oder schwieriger Alter?"

„Ach, hör auf." Nach einem kurzen Zögern gibt Tom zu. „Vielleicht bin ich momentan wirklich etwas schneller genervt."

„Kommst du denn noch zum Radfahren?" will Justus wissen, doch er ahnt die Antwort bereits.

Tom inspiziert seine Fingernägel und atmet vernehmlich aus. „Ich will zuerst die Abteilung auf Spur bringen. Ist aber aufwendiger als gedacht. Alles bleibt an mir

DOI 10.1515/9783110495553-004

hängen. Ich arbeite von früh bis spät. Oft sechs, manchmal sieben Tage. Kennst du vermutlich."

Justus, dem es inzwischen gelingt, seine Abteilung mit weniger Zeiteinsatz zu leiten, wirft ein: „Ein Hamsterrad sieht von innen auch wie eine Karriereleiter aus. Was für Mitarbeiter hast du denn?"

„Ich sag es mal so: Wenn ich will, dass was gut gemacht wird, dann mache ich es besser selbst."

„Tom, vielleicht ist deine Lösung in Wirklichkeit dein Problem. Du, ich möchte mir in ein paar Minuten den nächsten Vortrag anhören. Lass uns doch bei Gelegenheit in Ruhe reden. Hier ist meine Karte. Würde mich freuen."

Als Tom später wieder auf seinem Platz sitzt, schweiften seine Gedanken immer wieder zu dem einen Satz zurück: „Meine Lösung ist mein Problem?"

Was könnte Justus damit gemeint haben?

_____

Ein paar Tage später betrachtet Tom beeindruckt Justus' Arbeitszimmer. Ob ein Innenarchitekt hier Hand angelegt hat? So recht würde das nicht zu Justus passen. Hier wird offensichtlich gearbeitet, dabei wirkt dennoch alles klar und übersichtlich. Die Ordner stehen in Reih und Glied, auf dem Sideboard steht lediglich eine kleine Statue und ein paar Fotos. Auch auf dem Schreibtisch hat offensichtlich alles seinen Platz.

Bewundernd bleibt Tom vor der italienischen Espressomaschine stehen. Justus zeigt auf die Tassen und fragt: „Mein Padawan, möchtest du auch?" Tom nickt begeistert. Sie bringen die Tassen an den Tisch, wo Tom sich etwas Zucker nimmt.

„Justus, ich habe auf dem Kongress übrigens eine deiner Oberärztinnen getroffen. Sie sagte, du bist ein toller Chef." Er streckt Justus die Zuckerdose entgegen, doch der winkt ab und antwortet, ohne echte Begeisterung. „Ach ja?"

Tom beobachtet ihn über den Rand seiner Tasse etwas verwundert. „Scheint dich nicht besonders zu freuen. Magst du sie nicht?"

„Doch. Ich schätze sie sogar sehr." antwortet Justus ehrlich.

„Aber?"

„Tom, was ist denn ein guter Chef?"

1.2 Der gute Chef

Was macht aus Ihrer Sicht gute Vorgesetzte aus?

Tom überlegt. „Zumindest werden gute Chefs von ihren Mitarbeitern gemocht."

Justus beugt sich nach vorne. „Bist du dir da sicher? Ich schätze, wenn ich meinen Mitarbeitern ein hohes Gehalt zahle, wenn ich ihnen unangenehme Dienste und Aufgaben abnehme, wenn ich sie nicht kritisiere, dann werde ich vermutlich gemocht, oder? Vermutlich würde ich dabei allerdings die Abteilung oder meine Gesundheit ruinieren."

Tom kann ihm da nicht widersprechen.

„Tom, wer bewertet letztendlich, ob deine Ärzte gute Arbeit machen?"

Wer entscheidet, ob Ihre Ärzte gute Arbeit machen?

Tom antwortet, etwas zögernd: „Die Patienten."

Justus wiegt den Kopf etwas hin und her. „Eine Patientin beschwert sich bei dir, weil einer Ärztin sie warten ließ. Die hat jedoch in der Zwischenzeit einer anderen Patientin mit einem brillanten Eingriff das Leben gerettet."

Tom spielt mit seiner leeren Espressotasse und überlegt. Schließlich stellt er sie ab und sagt: „Letztendlich bewerte ich als Chefarzt, was in der Situation das Richtige war."

Justus räumt die leeren Tassen weg und bringt ihnen Gläser und Mineralwasser. „Genau. Ob unsere Mitarbeiter gut sind, entscheiden wir. Ob wir gute Chefs sind, entscheiden unsere Vorgesetzten." Als Justus sieht, dass Tom unbewusst seine Stirn etwas in Falten zieht, fährt er fort. „Ob uns das passt oder nicht."

Tom wiederspricht: „Bei allem Respekt. Das Urteil eines Geschäftsführers kann nicht alles sein. Was ist denn mit medizinischer Qualität? Mit guter Ausbildung, mit Menschlichkeit?"

„Alles richtig und wichtig." stimmt Justus zu. „Doch wenn dein Vorgesetzter der Meinung ist, dass du keine gute Arbeit machst und dich entlässt, dann kannst du dein medizinisches Können nicht anwenden. Kannst weder ausbilden noch menschlich sein."

„Dann finde ich einen Arbeitgeber, dem das wichtig ist." insistiert Tom. „Genau, du findest einen, der der Meinung ist, dass du damit ein guter Chef bist. Am Ende entscheidet das der Vorgesetzte."

Was sind ihre Gedanken dazu? Hat Justus recht?

i

„Tom, so verständlich ich den Wunsch finde, gemocht zu werden. Aber als Chefs dürfen wir unseren Mitarbeitern nicht gefallen wollen. Wir haben die Verantwortung, die richtigen Entscheidungen zu treffen. Manche sind unangenehm, jedoch notwendig. Beliebte Entscheidungen zu treffen, das ist natürlich einfacher. Doch dafür braucht man keinen Vorgesetzten. Dass die Mitarbeiter mehr Geld und an den Brückentagen frei bekommen, dass kann die Personalabteilung mit einer Mail bekanntgeben. Vermitteln, dass eine Leistung nicht ausreicht oder davon überzeugen, dass jemand an Heiligabend den Spätdienst übernimmt, dafür braucht es Vorgesetzte. Natürlich mag ich es auch, wenn meine Mitarbeiter mich mögen. Das darf nicht das Ziel meiner Entscheidungen sein.

Hat dein Geschäftsführer dir eigentlich gesagt, woran er bemisst, ob du ein guter Chefarzt bist?“

Tom betrachtet gedankenverloren das verzerrte Spiegelbild in der verchromten Espressomaschine. „Na, wenn die Zahlen stimmen.“ vermutet er. „Über andere Punkte haben wir noch nicht detailliert gesprochen.“

„Darf ich dir zwei Tipps geben?“

Tom bittet sogar darum. „Frag ihn. Frag deinen Geschäftsführer. Frag aber ihn nicht nur, *was er erwartet.* Kaufleute nennen dann meist Zahlen. Frag ihn: *Was macht aus Ihrer Sicht einen guten Chefarzt aus?*“

Tom notiert sich die Anregung. Justus fährt fort. „Anschließend überlegst du dir, was aus deiner Sicht einen guten Assistenten ausmacht, was einen Facharzt? Und so weiter. Das besprichst du dann mit deinen Mitarbeiterinnen.“

Was macht aus Ihrer Sicht einen guten Assistenten aus?

i

Was macht einen guten Facharzt aus?

i

Was macht einen guten Oberarzt aus?

i

Was glauben Sie, macht aus der Sicht Ihres Vorgesetzten, einen guten Chefarzt aus?

i

1.3 Authentisch führen

Tom schraubt den Füllfederhalter, den seine Mutter ihm zur Approbation geschenkt hat, wieder zu. Noch ist er skeptisch. „Das Maß meines Geschäftsführers kann nicht alles sein. Ich bin auch mir verpflichtet. Es geht auch darum, authentisch zu sein."

Justus lehnt sich zurück. „Ich bin mir nicht sicher." Tom sieht ihn erstaunt an: „Wie bitte?"

„Ich bin mir nicht sicher, was du mit authentisch meinst. Für einige bedeutet authentisch, seine schlechte Laune vor sich herzutragen, sie an Anderen auszulassen. Laut oder verletzend zu werden, wenn man verärgert oder wütend ist?"

Tom schüttelt den Kopf. „Nein, natürlich nicht." Er erklärt, dass es heißt grundlegende Werte zu haben, die ihm sehr wichtig sind.

Justus reibt sich nachdenklich das Kinn und fragt Tom: „Welche sind das?" Nach einigem Überlegen erkennt der, dass ihm die Antwort schwerer fällt, als er zuerst gedacht hat.

Auch Justus hat die Zeit zum Nachdenken genutzt. „Ich bin mir sicher, dass du Recht hast. Ich glaube alle Führungskräfte haben ganz individuelle Werte, die sie bei der Arbeit leiten. Mit Sicherheit hilft es, wenn sie die klar benennen können. Dann können sie im Zweifelsfall schneller entscheiden." Er unterbricht sich kurz und geht zu seinem PC. „Warte mal, ich meine, ich habe mal im Netz eine Tabelle der wichtigsten Führungswerte und -bedürfnisse gesehen." Justus findet die richtige Internetseite[1] und druckt die Tabelle aus. Dann bittet er Tom, daraus seine zwei bis drei zentralen Führungswerte auszuwählen. Tom überfliegt die Tabelle. „Warum drei? Ich finde fast alles wichtig.".

„Du willst Komplexität reduzieren, um schnelle Entscheidungen treffen zu können. Finde deine zwei, drei wichtigsten Führungswerte. Wenn du auf mehr kommst, dann wähle so lange zwischen zweien aus, bis zwei, drei übriggeblieben sind. Du wirst sehen: Im Führungsalltag hilft das wirklich sehr."

Tom liest die Liste nochmal sorgfältig. „Was ist, wenn ein Wert nicht in der Liste steht?" „Dann schreib ihn dazu." schlägt Justus vor.

---

[1] http://www.kompetenz-im-krankenhaus.de/downloads/tabelle-fuehrungswerte.pdf

1.3.1 Führungswerte – Führungsbedürfnisse

Was sind Ihre zwei bis drei wichtigsten Führungswerte/-bedürfnisse? Wofür würden Sie selbst dann einstehen, wenn Sie dadurch Nachteile riskieren würden?

☐ Achtung/Respekt

☐ Bescheidenheit

☐ Dankbarkeit

☐ Dienen

☐ Disziplin

☐ Durchsetzungs-
vermögen

☐ Ehrlichkeit

☐ Empathie/Verständnis

☐ Ergebnisorientierung

☐ Ethik/Moral

☐ Familie

☐ Fleiß

☐ Entwicklung/Fortschritt

☐ Freiheit/Selbstbestim-
mung

☐ Frieden/Harmonie

☐ Fürsorge/
Hilfsbereitschaft

☐ Geduld

☐ Gelassenheit

☐ Gerechtigkeit

☐ Gesundheit

☐ Glaube/Spiritualität

☐ Hilfsbereitschaft

☐ Humor

☐ Idealismus

☐ Innovation/Kreativität

☐ Konsequenz

☐ Kundenorientierung

☐ Leidenschaft

☐ Lernen/Weiter-
entwicklung

☐ Loyalität

☐ Menschlichkeit/
Nächstenliebe

☐ Mut

☐ Nähe/Freundschaft

☐ Neugierde

☐ Optimismus

☐ Ordnung

☐ Perfektion/Qualität

☐ Rationalität

☐ Respekt

☐ Ruhe/Gelassenheit

☐ Selbstverantwortung

☐ Sicherheit

☐ Solidarität

☐ Sparsamkeit

☐ Spaß

☐ Stärke

☐ Strebsamkeit

☐ Tatkraft

☐ Toleranz

☐ Transparenz

☐ Treue

☐ Verantwortung für
Andere

☐ Verlässlichkeit

☐ Vertrauen

☐ Wertschätzung

☐ Wettbewerb

☐ Wirksamkeit

☐ Wissen/Kompetenz

☐ Zielstrebigkeit

☐ Zugehörigkeit

☐ Zusammenarbeit

☐ Zuverlässigkeit

Nach einer Weile schraubt Tom die Kappe auf den Füller und legt ihn behutsam zur Seite. „Fertig, und jetzt?"

„Diese Werte haben bisher wahrscheinlich die meisten deiner wichtigen Entscheidungen gelenkt, oder?" vermutet Justus. Toms Augen wandern einige Sekunden unfokussiert durch den Raum. Dann nickt er langsam.

„Wenn du dich nach Mitarbeitergesprächen im Nachhinein irgendwie unwohl gefühlt
hast, dann hast du dich vermutlich nicht entsprechend deiner Werte verhalten. Wenn
wir uns kongruent mit unseren Werten verhalten, dann fühlt es sich einfach richtig
an."

Tom denkt darüber nach. „Du meinst, wenn ich mir vor schwierigen Gesprächen
einmal kurz meine Werte vor Augen führe..." „Dann wirst du dich vermutlich authentisch verhalten." ergänzt Justus. „Wenn du deine Werte kennst, kannst du auch nach
jedem kritischen Gespräch und jeder schwierigen Entscheidung überlegen, ob du
dich kongruent verhalten hast. So kommst du quasi ins Selbstcoaching." Die beiden
folgen ihren Gedanken, bevor Justus weiterspricht.

„Du kannst deine Werte auch offen deinen Mitarbeitern sagen. Ich bin da transpa-
rent. Neuen sage ich am Anfang, dass ich immer versuchen werde offen, respektvoll
und verlässlich zu sein – und dass ich das auch von ihnen erwarte. Ich erkläre ihnen
dann, was ich meine. Dann schlage ich vor, dass wir den Eindruck haben, dass es dem
Anderen einmal nicht gelingt. So coachen wir uns gegenseitig."

Tom sieht Justus unentschlossen an. „Ist das nicht irgendwie peinlich?"

Justus ist verblüfft. „Tom, das sind meine wichtigsten Werte. Was soll denn daran
peinlich sein?"

Tom nimmt sich vor, zu überlegen, wem er seine Werte offen sagen will. Und wann.

Wem wollen Sie Ihre zwei, drei wichtigsten Werte offen sagen?

_____

Bei welcher Gelegenheit?

_____

Tom faltet das Blatt zusammen, steckt es in die Innentasche seines Jacketts und verabschiedet sich. Im Flur kommt ihm Justus eilig hinterher. „Tom, warte mal." Der
bleibt stehen und dreht sich fragend um. „Dein Füller."

Einige Tage später kommt Justus mit seinem aufgeklappten Notebook ins Wohnzim-
mer, wo Bianca es sich mit einem Buch bequem gemacht hat. „Hey Trinity. Tom hat
mir geschrieben." Bianca legt ein Lesezeichen zwischen die Seiten und klappte das
Buch zu." „Ja?"

Justus liest vor.

Hallo Justus,

momentan habe ich tagsüber viel um die Ohren. Die Geschäftsführung hat beschlossen eine Patientenmesse auszurichten. Da gibt es natürlich viel zu besprechen und zu planen. Daher finde ich momentan einfach keine Zeit in Ruhe zu telefonieren.

Ich möchte dir für das anregende Gespräch danken.

Mir über meine Werte klar zu werden, ist tatsächlich hilfreicher als ich dachte, und anregend dazu. Ich habe mich entschieden, erst einmal nur mit neu einge-stellten Mitarbeitern darüber zu reden. Mit den anderen warte ich einfach, bis sich eine Gelegenheit ergibt.

Ich schreibe dir, weil ich dir unbedingt was erzählen will. Abends habe ich Sandra von unserem Gespräch erzählt. Sie fand die Idee einleuchtend und hat mich gefragt, was denn meine wichtigsten Werte bei der Erziehung der Jungs sind. Ich hatte erst Sorge, dass wir gleich wieder streiten, aber sie meinte die Frage offen-sichtlich ernst.

Ehrlichkeit, Respekt und Sicherheit geben habe ich ihr geantwortet.

Sie sagte, dass sie mir das absolut glauben würde. Sie vermute allerdings, dass die Jungs das so nicht benennen könnten. Als letztens beispielsweise das Tablet hingefallen sei, da wäre vom ‚respektvollem Umgang‘ und ‚Sicherheit geben‘ wenig zu spüren gewesen. Darüber haben wir dann ziemlich lange diskutiert.

Was ich dir aber vor allem erzählen will: Am nächsten Tag bin ich also zu den Jungs gegangen und habe ihnen gesagt, dass ich von nun an versuchen werde, immer ehrlich und respektvoll zu ihnen sein. Sie könnten sicher sein, dass ich immer zu ihnen stehe, egal was passiert. Da haben die einfach nur genickt und wollten weiterspielen.

Da habe ich gesagt, dass das ein Versprechen sei und dass sie ein Recht darauf hätten. Ich habe sie gebeten, dass sie es mir bitte sagen, wenn sie den Eindruck haben, dass mir das mal nicht gelingt. Da haben die beiden ihr Spielzeug kurz vergessen und gefragt, wie ich das denn meine?

Du kannst dir bestimmt vorstellen, wie viele Diskussionen wir seitdem hatten. Spannende, anstrengende. Ob ich zum Beispiel zu respektieren hätte, dass sie lieber in einem unaufgeräumten Zimmer leben. (Nein.)

Deine Anregung hat unseren Umgang hier auf eine neue Ebene gebracht. Danke dafür.

Ich würde mich freuen, wenn wir unser Gespräch bei Gelegenheit weiterführen können.

Lass von dir hören,

Tom

Justus schaut von dem Notebook auf und Bianca sieht ihm an, dass er gerührt ist. Sie klopft leicht auf den Platz neben sich und sagt: „Neo, mein kluger, kluger Mann. Komm mal her. Ich glaube, wir müssen reden."

Was sind Ihre Überlegungen dazu?

Einige Tage später antwortet Justus auf Toms Mail.

Mein Freund Samwise Gangee,

das Echo deiner Nachrichten aus dem Auenland hallt immer noch durch unser Heim. Wir sollten uns unbedingt bald wiedersehen, um Neuigkeiten auszutauschen.

Vielleicht findest du bis dahin Zeit, dir den Fragebogen aus unserem ersten Führungstraining anzusehen. Ich habe ihn dir als Anhang mitgeschickt.

Ich möchte dir nochmal für das anregende Gespräch danken.

Dein Frodo

𝒊 *Fragebogen Führungsverständnis*

☐ *Ich lege großen Wert darauf, immer die oder der Beste in meinem Team zu sein.*

☐ *Ich möchte über alles im Bilde sein.*

☐ *Ich bin der Meinung, dass Führung viel mit Talent oder Charisma zu tun hat.*

☐ *Ich arbeite oft mehr, als ich es eigentlich möchte.*

☐ *Ich habe keine klare Vorstellung davon, wie viel Zeit ich für meine Führungs-aufgaben brauche.*

☐ *Vermutlich finden einige Mitarbeiter/innen, dass ich zu wenig Zeit für sie habe.*

☐ *Ich finde, dass ich mit einigen meiner Mitarbeitern/innen einfach Pech habe.*

☐ *Meine Mitarbeiter/innen entscheiden oft nicht in meinem Sinne.*

☐ *Ich habe für jeden meiner Mitarbeiter/innen einen klaren Entwicklungsplan – vielleicht auch nur im Kopf.*

☐ *Ich hätte gerne mehr Zeit, um meine Mitarbeiter/innen einzuarbeiten und aus-zubilden*

Bitte kreuzen Sie Ihre Antworten an.

Eine Woche später, in Justus' Vorzimmer. „Moneypenny, bitte seien Sie so nett und bringen Sie meinem Freund Q einen Ihrer ausgezeichneten Tees." Frau Ortega nickt freundlich und bringt Tom einen frischen Tee und Justus ein Glas Wasser.

Tom hat den ausgefüllten Fragebogen mitgebracht, den Justus ihm zugeschickt hat. „Hast du die Auswertung zu Hand?"

„Es gibt keine Auswertung. Wir haben den Bogen in einem Kompetenztraining bekommen. Die Fragen sollten uns als Einleitung zum Nachdenken anregen. Mich hat damals die eine oder andere Frage noch ein Weilchen beschäftigt." Tom schaute über den Fragebogen und überlegt, welche Fragen das wohl waren.

Welche Fragen haben Sie zum Nachdenken gebracht?

𝒊 _____

Warum?

𝒊 _____

„Justus, ich habe den Eindruck, du hast dir viel Gedanken über Mitarbeiterführung gemacht, oder?"

„Ich habe mit Bianca eine gute Gesprächspartnerin. Erstaunlich, wie intensiv Handelsunternehmen ihre Mitarbeiter auf jede neue Führungsposition vorbereiten. Ärzte werden weder im Studium noch anschließend gezielt auf Gesprächs- und Mitarbeiterführung vorbereitet. Bei meinen vorherigen Stellen reichte es bisher immer, ein guter Arzt zu sein, um eine leitende Position zu bekommen."

Tom, der das auch so kennt, fragt: „Du meinst, das ändert sich?"

Da ist sich Justus sicher. „Gute Mitarbeiterführung war vor der Ärzteknappheit ein Luxusthema. Heute können die Assistenten sich die Klinik aussuchen. Die meisten wählen die, mit den besten Arbeitsbedingungen. Damit ist gute Mitarbeiterführung ein Wettbewerbsvorteil geworden. Ich gebe zu, dass ich anfangs keine konkrete Vorstellung hatte, wie das geht und was dazugehört."

Was gehört Ihrer Meinung zu guter Mitarbeiterführung?

1.4 Die Aufgaben der Führungskraft

Justus zeigt auf das neue Notizbuch, das Tom mitgebracht. „Darf ich?"

Tom schlägt die erste Seite auf und reicht es ihm.

Links schreibt Justus „Ausführende Tätigkeiten", rechts „Planerische Tätigkeiten". Dazwischen malt er fünf Säulen, in die er die Karrierestufen schreibt.

„Die Höhe der Säule stellt das Arbeitsvolumen dar." erklärt er. Dann zieht er eine Line von links unten nach rechts oben. „Der Anteil der Aufgaben verschiebt sich im Laufe der Zeit. Anfangs werden Anweisungen ausgeführt. Mit zunehmender Verantwortung nehmen die planerischen Aufgaben zu."

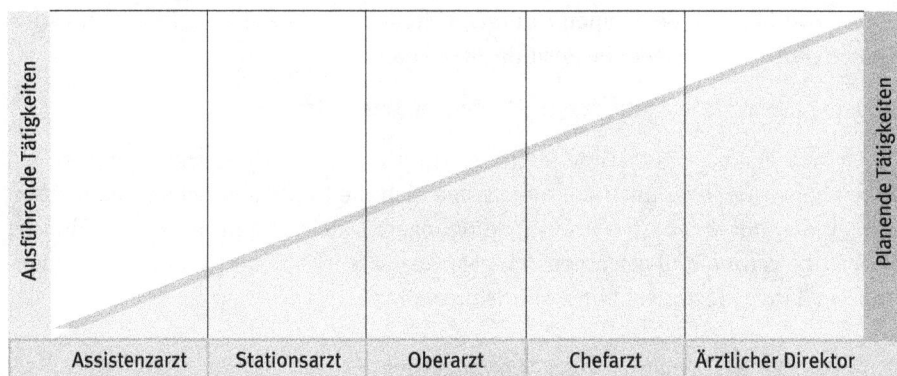

Tom betrachtet die Grafik. „Stimmt, als Assistent habe ich fast nur Anweisungen befolgt. Später kamen dann zusätzliche Aufgaben dazu. Meinst du, die Anteile stimmen? Ich bin nicht sicher." Justus erklärt ihm, dass er mit der Zeichnung lediglich das Prinzip verdeutlichen will."

Tom betrachtet die Zeichnung noch einmal. „Hier sieht man ganz gut, dass die Zeit, in der ich Medizin mache, wirklich wenig geworden ist. Willst du darauf hinaus?"

„Mit jeder neuen Position kommen es zusätzliche Aufgaben." Justus nimmt den Stift und malt unten in die Säulen kleine Kästchen. „Hat man dir bei deinem Einstieg deine neuen Aufgaben gesagt?"

„Bereits im Vorstellungsgespräch. Ich soll Strategien entwickeln, um neue Patienten zu gewinnen. Medizinische Qualität verbessern, neue Ideen einbringen, netzwerken. Mit der Organisation und der Zusammenarbeit mit anderen Bereichen war auch einiges im Argen. Vor allem aber soll ich die Mitarbeiterfluktuation reduzieren." Justus schaut ihn interessiert an.

Tom fragt ihn: „Weißt du, was Mitarbeiterwechsel kosten?" Justus schüttelt den Kopf.

„Mein Geschäftsführer hat mir vorgerechnet, dass eine Oberarzt-Nachbesetzung 250.000 € und die eines Facharztes 170.000 € kosten kann."

Justus fragt ehrlich überrascht, was es denn so teuer macht.

„Inserate, Headhunter, die Zeit, welche die Führungsspitze in das Thema investiert. Die Einarbeitungszeit des Neuen. Dazu kommen die Kosten der gestörten Prozessabläufe, geringere Belegung und Erlöse."

Justus bläst die Wangen auf. „Ich wusste, dass es teuer ist. Das ist echt ein Wort.

Lass uns noch mal zurückkommen zu den neuen Aufgaben, die es in jeder neuen Position gibt.

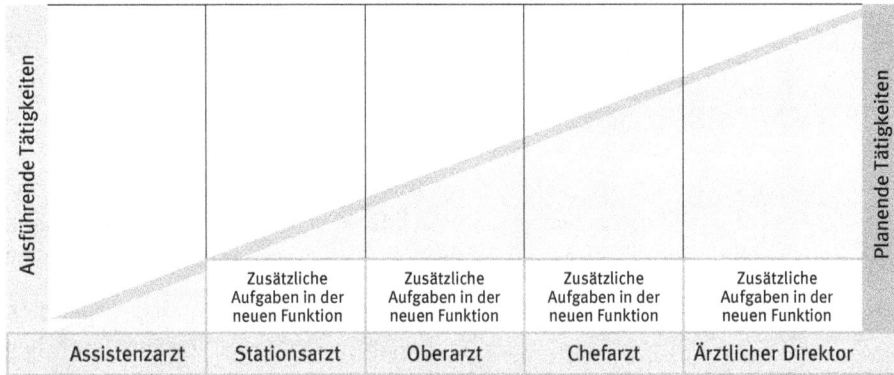

Die zusätzlichen Aufgaben als Chefarzt hast du ja gerade genannt:
- Erlössituation verbessern
- Medizinische Qualität erhöhen
- Organisation und Abläufe optimieren
- Mitarbeiter gewinnen, halten, entwickeln
- Netzwerke schaffen

Die Schwierigkeit ist, dass Unternehmen neuen Führungskräften in der Regel nicht sagen, welche Aufgaben sie dafür in Zukunft nicht mehr machen sollen. Neu in der Position, wollen es dann viele besonders gut machen und versuchen, die neuen Aufgaben zusätzlich zu erledigen. Eine weitere Falle ist es, dass die Kompetenzen in den bekannten Aufgaben Sicherheit und Anerkennung bieten. Zudem können bekannte Aufgaben effektiver erledigt werden. Daher werden sie meist als befriedigender empfunden. Das führt dann dazu." Justus zeichnet Kästchen für die zusätzlichen Aufgaben hinzu.

	Mehrarbeit	Mehrarbeit	Mehrarbeit	Mehrarbeit
Ausführende Tätigkeiten				
	Zusätzliche Aufgaben in der neuen Funktion	Zusätzliche Aufgaben in der neuen Funktion	Zusätzliche Aufgaben in der neuen Funktion	Zusätzliche Aufgaben in der neuen Funktion
Assistenzarzt	Stationsarzt	Oberarzt	Chefarzt	Ärztlicher Direktor

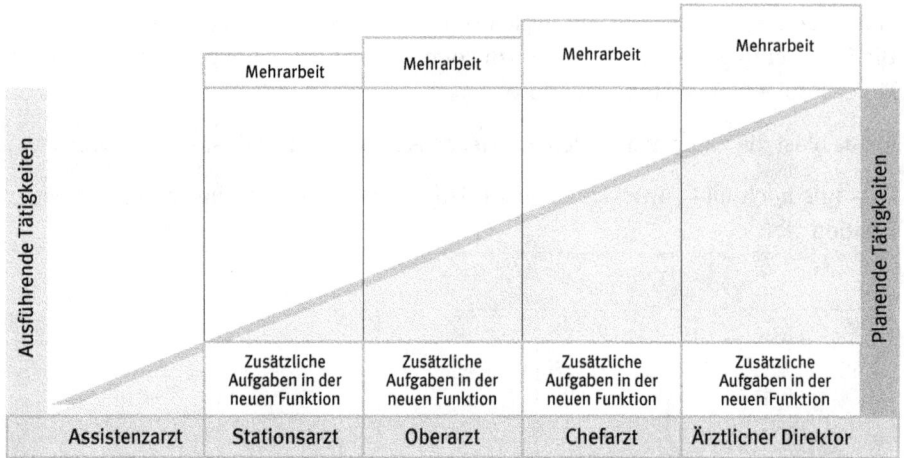

Tom atmete vernehmlich aus und schaute nachdenklich von der Zeichnung zu Tom. „Das genau meinte Sandra. Der Job frisst mich auf. Das muss einfach aufhören."

Justus holt eine Flasche Wasser, zwei Gläser und schenkt ihnen ein. Dann erklärt er, dass es offensichtlich zwei Lösungen gibt. „Lösung eins: Die zusätzlichen Aufgaben nicht erledigen."

Tom schaut ihn erstaunt an. „Was? Meinst du das im Ernst? Das geht nicht. Ich meine, das ist schließlich mein Job." protestiert er.

„Tom, das geht schon. Aus dem was du erzählst, schließe ich mal, dass das dein Vorgänger gemacht hat. Ich kenne Chefärzte, die ihre Aufgabe nur in guter Medizin sehen.

Kommen wir zur zweiten Möglichkeit." Justus zeichnet große Pfeile von den Kästchen *Mehrarbeit* in das Innere der Spalten. „Die zusätzlichen Aufgaben in die normale Arbeitszeit integrieren."

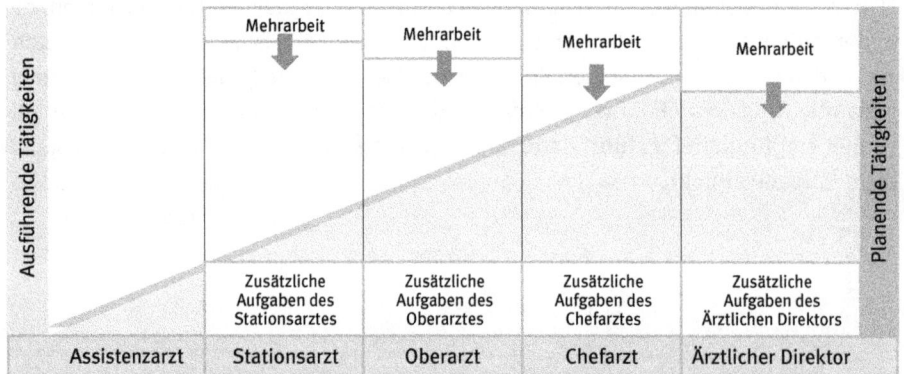

	Mehrarbeit	Mehrarbeit	Mehrarbeit	Mehrarbeit
Ausführende Tätigkeiten				
	Zusätzliche Aufgaben des Stationsarztes	Zusätzliche Aufgaben des Oberarztes	Zusätzliche Aufgaben des Chefarztes	Zusätzliche Aufgaben des Ärztlichen Direktors
Assistenzarzt	Stationsarzt	Oberarzt	Chefarzt	Ärztlicher Direktor

Wie könnte Tom seine Chefarzt-Aufgaben in seinen Arbeitstag integrieren?

Justus schlägt die nächste Seite auf. In die Mitte des Blattes schreibt er „Chef".

„Mit wie vielen Ärzten bist du tagsüber auf der Station? Drei?"

„Vier."

„Ok. Vier." Justus zeichnet.

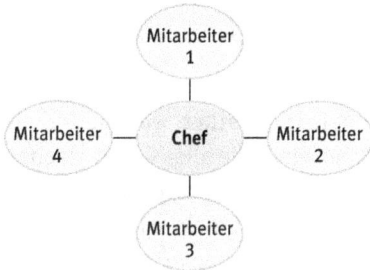

Mitarbeiter 1 — Chef — Mitarbeiter 2 — Mitarbeiter 3 — Mitarbeiter 4

„Für wen bist du noch alles ansprechbar?" Während Tom die Betreffenden aufzählt, ergänzt Justus die Zeichnung.

Angehöriger, Mitarbeiter 1, Pflege, Geschäftsführer, Verwaltung, Mitarbeiter 4, Chef, Mitarbeiter 2, Notaufnahme, Technik, Niedergelassene, Kollegen, Mitarbeiter 3

Tom schaut auf die fertige Skizze. „Das sind mehr, als ich dachte."

„Vermutlich fehlen immer noch ein paar. Patienten, zum Beispiel." ergänzt Justus schmunzelnd.

1.5 Mikromanagement vermeiden

Justus zeigt auf die Skizze. „Mikromanagement. So nennt man es, wenn Vorgesetzte sich darin verlieren, sich um jedes Detail kümmern zu wollen. Mir gefällt auch: *Helio-zentrische Führung.* Alles dreht sich um den Chef. Bei ihm laufen alle Fäden zusammen. Er will über alles informiert sein und alles steuern; schließlich trägt er die Verantwortung. Mit all den Informationen ist er überall tief im Thema und mit seiner langen Erfahrung, kennt er meist auch die beste, schnellste oder günstige Lösung. Zumindest ist er davon überzeugt. Da das auch allen klar ist, wird er ständig gefragt und über alles informiert."

Tom betrachtet die Zeichnung und fasst sich gedankenverloren an die Nase. „Verständlich. Ist aber echt nervig, oder?"

„Natürlich klagen diese Chefs darüber, dass sie andauernd gerufen werden und sie haben den Eindruck, dass sie von Dilettanten umgeben sind, die alles falsch machen und die keine Verantwortung übernehmen wollen. Vermutlich brauchen manche Vorgesetzte auch das Gefühl, dass ohne sie nichts läuft. Wenn sie mal nicht oder nicht mehr da sind, dann fehlen sie tatsächlich, da sie ihre Mitarbeiter nicht befähigt haben, selbstständig zu arbeiten."

„Justus, ich brauche das echt nicht. Letztens wollte ich mit einer Angehörigen was besprechen. Ich konnte nicht einen Satz zu Ende sprechen. Ständig ging das Telefon. Ich habe das anschließend mitgezählt: Über 20 Mal in einer Stunde. So kann doch keiner arbeiten."

Was würden Sie Tom raten?

> **Niemand kann ein guter Leiter sein, wenn er alles selber machen will oder alle Anerkennung für sich haben will.**
>
> Andrew Carnegie

1.5.1 Gespräche planen

Justus lehnt sich zurück und fragt: „Erinnerst du dich, dass ich angedeutet habe, dass deine Lösung dein Problem sein könnte?"

Tom nickt interessiert. „Darauf wollte ich dich noch ansprechen. Ich habe da drüber nachgedacht, doch ich habe keine Ahnung, was du meinst."

„Es gibt mehrere Antworten darauf. Erstens glaube ich, du versuchst, Probleme zu oft spontan zu lösen. Sicherlich triffst du immer noch viele gute Entscheidungen. Allerdings bist du ständig unter Druck, quasi im Krisenmanagement. Dir fehlt die Zeit und Muße, in Ruhe neue Lösungen zu überlegen. Das ist so, als wenn du mit einer stumpfen Säge arbeitest, weil dir die Zeit fehlt, sie zu schärfen. Krisenmanagement sichert keine Qualität. Dafür brauchst du einfach mehr Zeit."

Welche Ihrer Führungsaufgaben könnten Sie in deutlich besserer Qualität erledigen, wenn Sie mehr Zeit hätten?

i

Tom findet, bei Justus klingt es zu einfach. „Die Fragen tauchen nun mal spontan auf. Ich entscheide schnell und weiter geht's. Zu mehr ist dann einfach keine Zeit."

Justus füllt die Wassergläser auf und erklärt, was er meint. „Spontan und am Telefon ist das auch nicht der richtige Zeitpunkt. Möchtest du wissen, wie wir bei uns in der Abteilung die Anzahl der Telefonate auf ein Minimum reduziert haben?"

Tom ist sehr interessiert, schließlich liegen ihm seine Ärztinnen immer wieder wegen der ständigen Unterbrechungen durch das Telefon in den Ohren.

1.5.2 Das lästige Telefon

„Auch bei uns treten die meisten Fragen spontan auf. Doch nur die wenigsten müssen sofort beantwortet werden. Vermutlich ist es bei euch ähnlich. Für die Fragesteller ist es bequemer, spontan zu fragen. Dann müssen sie sich die Frage nicht merken oder notieren.

Wir sind folgendermaßen vorgegangen: Zuerst haben wir verbindlich festgelegt, wann wir uns jeden Tag treffen, um offene Fragen zu beantworten. Wie gesagt, die meisten Entscheidungen und Fragen können erfahrungsgemäß bis dahin warten. Als Oberarzt hatte ich zwei Mal am Tag einen festen Termin mit den Assistenten. Dazwischen durften sie nur in Notfällen anrufen. Nachdem wir ein paar Mal geklärt hatten, was ein Notfall ist, klappte das ganz gut.

Direkt bei Dienstbeginn habe ich mit der Pflege offene Fragen besprochen, wann ich heute voraussichtlich auf der Station sein werde und ob ich dann Zeit für Patienten- und Angehörigengesprächen habe. Wenn Angehörige mich sprechen wollten, brauchte mich die Pflege zum Beispiel nicht mehr anrufen. Wir haben damals auch besprochen, dass die Pflege nicht mehr bei jeder einzelnen Kurve anruft. Stattdessen hat auch die Pflege ihre Themen gesammelt und mich nur in dringenden Fällen angesprochen. Das hat ein paar Wochen gedauert, doch seitdem telefonieren wir intern nur noch sehr selten."

Tom schlägt sein Notizbuch auf und hält kurz inne. „Werden das nicht viele Besprechungen?".

„Nein," widerspricht Justus. „es sind jetzt sehr viele kleine Besprechungen. Wenn ihr sie bündelt, könnt ihr häufiger in Ruhe arbeiten."

Tom macht sich Notizen.

Mit welchen regelmäßigen Besprechungsterminen würden Sie häufige Unterbrechungen vermeiden?

_i_

„Wir bekommen jede Menge Anrufe von anderen Stationen und von extern." sagt Tom nachdenklich.

„Wir auch." erklärt Justus. „Mit den Abteilungen, mit denen wir am häufigsten telefonieren, haben wir eine Telefonregel abgesprochen:

Wer eine nicht dringende Frage oder Information hat, lässt es zwei bis drei Mal klingeln. Wenn es jetzt passt, geht der Angerufene ans Telefon. Sonst ruft er bei der nächsten Gelegenheit zurück.

Falls es dringend ist, lassen wir es vier, fünf Mal klingeln. Wenn es irgendwie geht, wird der Angerufene seine Tätigkeit unterbrechen und ans Telefon gehen. Wer bis zum sechsten klingeln nicht drangeht, wird es auch beim zehnten Klingeln nicht können. Oder er ist bis dahin so genervt, dass ein normales Gespräch kaum mehr möglich ist."

Tom findet die Idee interessant. Er macht sich Notizen, um sie bei Gelegenheit mit seinen Mitarbeiterinnen zu besprechen. Er wirft ein: „Dazu braucht es Mitspieler, die sich an die Regeln halten."

„Stimmt schon. Den einen oder anderen mussten wir mehrfach an die Absprache erinnern. Die meisten haben sich nach einiger Zeit darauf eingestellt."

Tom ist neugierig geworden. „Wie viele Telefonate hattest du anschließend? Ich meine, nachdem du feste Termine mit deinen Mitarbeitern und der Pflege hattest und ihr die Telefonregeln eingeführt habt?"

„Sehr wenige. An guten Tagen, zwei bis drei in der Stunde."

„Meinst du, das geht auch mit Niedergelassenen?"

„Mit den wichtigsten haben wir besprochen, dass eine E-Mail oft effektiver ist, als die ständigen Versuche sich telefonisch zu erreichen. Mit anderen haben wir Zeiten ausgemacht, an denen wir gut zu erreichen sind."

Zusammenfassung – Justus' Telefonregeln

Justus' Beispiel:
– Bei nicht dringenden Fragen oder Informationen lassen wir es zwei bis drei Mal klingeln.
– Wer das Gespräch nicht annehmen kann, ruft bei der nächsten Gelegenheit zurück.
– In dringenden Fällen lassen wir es maximal sechs Mal klingeln. Wenn es irgendwie möglich ist, wird der Angerufene das Gespräch annehmen. Falls das nicht möglich ist, ruft er unverzüglich zurück.

Mit wem würden Sie gerne Besprechungs- und Telefonregeln vereinbaren?

Was wäre eine gute Gelegenheit, das anzusprechen?

Toms Blick schweift inzwischen immer länger ab und seine Fragen werden seltener. Justus hat das Gefühl, dass es für heute reicht. Zum Abschluss liegt ihm noch was am Herzen: „Tom, was vielleicht das Wichtigste ist: Versuche nicht ständig das Tempo oder die Effizienz zu erhöhen. Nimm dir lieber regelmäßig Zeit, zu überlegen oder zu besprechen, wie ihr Aufgaben in deiner Abteilung leichter oder besser machen könnt. Das rentiert sich sehr schnell."

1.5.3 Mikromanagement vermeiden

Welche Aufgaben wollen Sie in Zukunft nicht mehr selbst machen? Speichern Sie die Liste beispielsweise auf Ihrem Smartphone. So haben Sie sie ständig dabei, um sie schnell lesen, aktualisieren oder ergänzen zu können. So gewinnen Sie im Laufe der Zeit immer mehr Raum für die neuen Chefarzt-Aufgaben.

Nutzen Sie die Erfahrung von anderen Chefärzten. Welche erfahrenen Kollegen können Sie fragen, welche Aufgaben sie inzwischen nicht mehr selbst machen?

Vereinbaren Sie mit den Leitungen Ihrer wichtigsten Schnittstellen einen regelmäßigen Termin, an dem Sie besprechen, wie die Zusammenarbeit noch besser funktionieren kann. So verbessern Sie die Effektivität Ihrer Abteilung deutlich.

1.6 Mitarbeiter beteiligen, motivieren und entwickeln

„Bin ich hier richtig, in der Abteilung meines Freundes, Dr. Emmet Brown?" Justus ist gerade aus dem Aufzug gekommen und steht nun vor Schwester Marie, die ihn mit großen Augen ansieht.

„Hey Marty McFly" ruft Tom, der langsam Gefallen an Justus' Schrulle findet. „Willkommen ..." Er weist mit einer leicht theatralischen Geste den Flur entlang „In der Zukunft." Er freut sich, Justus' Freund die Abteilung zu zeigen und schon bald diskutieren sie, welche Möglichkeiten kleine Veränderungen bieten könnten.

„Chef, haben Sie eine Sekunde?" Die Stationsärztin schaut kurz interessiert zu Justus und streicht sich beiläufig ein paar Haarsträhnen aus dem Gesicht. „Dauert nur eine Sekunde." verspricht sie ihm lächelnd. Dann wendet sie sich zu Tom und fragt, ob die Therapie eines Patienten angepasst werden soll. Der schaut sich die Laborwerte an und entscheidet, erst mal alles so zu lassen.

Die Ärztin dreht sich zurück zu Justus und berührt kurz seinen Unterarm. „Sehen Sie, ging ganz schnell." Ein kurzes Lächeln und sie eilt weiter.

Auf dem Weg zu Toms Büro kommen sie am Stationszimmer vorbei, von wo augenblicklich eine Stimme ruft: „Doktor Major, einen Moment bitte." Eine Schwester kommt zu Tom und sieht Justus neben ihm stehen und stellt sich vor. „Hallo, ich bin Schwester Marie, die Stationsleitung. Doktor Major, Frau Fröhlich soll ja heute gehen." Tom überlegt kurz und nickt. „Ja. Der geht's wieder gut."

„Stimmt. Doch ihr Enkel kann Sie erst gegen 18 Uhr abholen."

Mit einem kleinen Seufzer antwortet Tom. „Dann soll sie meinethalben so lange im Zimmer bleiben." Schwester Marie erklärt, dass sie das Zimmer für eine andere Patientin brauchen, die übrigens schon da ist. „Sie hat schon zwei Mal gefragt, wann sie endlich in ihr Zimmer kann."

„Dann soll sie halt so lange in die Cafeteria gehen. Ich übernehme einen Kaffee und Kuchen." lenkt Tom ein.

Schwester Marie widerspricht. „Doktor Major, die kann kaum laufen. Wenn die nicht bald ein Zimmer bekommt, macht die uns die ganze Station wuschig." Tom schlägt vor, die Neue bis heute Abend in ein anderes Zimmer zu schieben.

Doch Schwester Marie ist skeptisch. „Ich glaube nicht, dass das gut geht. Die ist schon etwas speziell. Wir könnten Frau Fröhlich bitten, im Lesebereich zu warten. Da hat sie in den letzten Tagen viel Zeit verbracht."

Tom ist einverstanden. Schwester Marie sieht ihn mit einem lieben Lächeln an. „Können Sie ihr das vielleicht erklären? Wenn Sie mit ihr sprechen, dann macht sie das bestimmt gerne. Sie ist doch ein großer Fan von Ihnen."

Justus hört den beiden interessiert zu und hat erkennbar Spaß dabei. Offensichtlich kann Schwester Marie Menschen gut einschätzen, denn nach einigen Minuten ist die neue Patientin zufrieden und Frau Fröhlich ist glücklich, dem Chefarzt einen Gefallen tun zu können.

Zurück in seinem Büro wischt sich Tom übers Gesicht und atmet dabei laut aus. „Siehst du, was ich meine? So ist das immer. Ich komme tagsüber nicht über den Flur, ohne dass ich ein paar Mal angesprochen werde."

Was würden Sie Tom raten?

Tom schaut sich suchend um. „Was wollte ich nur? Ach ja. Kann ich dir was anbieten? Nimm bitte Platz. Wo sind denn meine Notizen?" Tom blickt suchend herum und hebt ein paar Akten hoch. Justus zieht einen Stuhl zu sich und zeigt dann auf die Sitzfläche, auf der das Notizbuch liegt. „Meinst du die?"

„Ach ja, danke." Tom nimmt sich auch einen Stuhl. „Das mit den Regelterminen klappt schon ganz gut. Danke für den Tipp. Wir telefonieren zwar noch zu viel, allerdings es wird spürbar weniger."

Justus ist überrascht. „Whow. Das geht dann aber schnell. Bei uns hat es länger gedauert, bis wir eine Verbesserung gespürt haben."

„Justus, du hast gesehen, was hier los ist. Alle wollen sich absichern."

Wie oft wollen sich Mitarbeiter bei Ihnen absichern?

| *Meist immer* | *Oft* | *Selten* | *Fast nie* | *Nie* |

Wie viele Vorschriften machen Sie Ihren Mitarbeitern?

| *Sehr viele* | *Viele* | *Einige* | *Wenige* | *Keine* |

Wie oft kontrollieren Sie Ihre Mitarbeiter?

i

Sehr oft	*Oft*	*Manchmal*	*Selten*	*Nie*

Justus hebt die Augenbrauen leicht an. „Das erinnert mich an das große Klagen auf dem letzten Kongress, als viele über ihre Mitarbeiter geschimpft haben. *Die denken nicht mit. Die übernehmen keine Verantwortung. Die sind nicht engagiert.* Und so weiter. Inzwischen glaube ich, Chefärzte haben spätestens nach zwei bis drei Jahren die Mitarbeiter, die sie verdienen. Erstklassige Chefs haben erstklassige Mitarbeiter. Zweitklassige Chefs haben drittklassige Mitarbeiter."

Tom lacht kurz auf. Dann sieht er den Stapel Arztbriefe auf seinem Schreibtisch und verstummt. Er schlägt etwas verlegen sein Notizbuch auf und schaut zu Justus. „Da habe ich ja noch ein, zwei Jahre. Was schlägst du vor? Was soll ich denn machen, wenn ich gefragt werde? Schließlich haben meine Mitarbeiterinnen Recht auf eine Antwort, oder? Wie machst du es denn?"

Wie kann Tom reagieren, wenn seine Mitarbeiterinnen ihn häufig auf dem Flur ansprechen?

i

„Lass uns zuerst mal genauer hinschauen. Ich finde, du machst noch Mikromanagement. Du bist noch an zu vielen Entscheidungen beteiligt. Deine Mitarbeiter wirken doch pfiffig. Beispielsweise Schwester Marie. Die hat ein großartiges Gefühl für Menschen." erklärt Justus. „Wie sie das gerade mit den Patientinnen hinbekommen hat, Respekt. Die möchte nicht zufällig wechseln?" fragt er zwinkernd, aber nur halbernst.

Tom geht in Gedanken die Situation von vorhin noch einmal durch und nickt. „Stimmt schon. Dennoch sichern sich erst alle bei mir ab. Ich verstehe das gar nicht. Bin ich denn so autoritär? Ich reiße doch niemandem den Kopf ab, wenn er eine Entscheidung trifft. Im Gegenteil: Ich wäre dankbar."

Justus lässt die gerade erlebten Situationen noch einmal vor seinem inneren Auge passieren: „Wenn du jedes Mal genau sagst, was du willst, ist das Signal eindeutig. Du vermittelst, dass du keine andere Lösung gelten lässt. Daher ist es klug von deinen Mitarbeiterinnen, sich abzusichern. Zwischendurch habe ich auch überlegt, ob du es ihnen vielleicht zu einfach machst."

„Sag das denen mal. Die behaupten nämlich was Anderes." kontert Tom.

„Tom, wenn eine Mitarbeiterin mit einer Frage zu dir kommt und du ihr die Lösung sagst; was hat sie dann gerade gelernt?"

Tom denkt an die Gespräche an diesem Vormittag zurück und seine Schultern sinken ein kleines Stückchen. „Frag deinen Vorgesetzten. Dort bekommst du eine Lösung."

„Genau. Die Implikationen sind dir vermutlich nicht bewusst."

Justus zählt sie auf:
a) Ich will gefragt werden.
b) Ich traue meiner Lösung mehr als Ihrer.
c) Sie brauchen nicht mitdenken.
d) Sie brauchen keine Verantwortung übernehmen.

Besser ist es, du fragst deine Mitarbeiter immer erst mal nach ihrem Vorschlag.
1. Du zeigst, dass sie sich mit der Situation auseinandersetzen sollen, bevor sie zu dir kommen.
2. Du bekommst einen Eindruck über den Ausbildungs- oder Wissensstand deiner Mitarbeiterinnen.
3. Du kannst gute Vorschläge loben.
4. Du motivierst sie, wenn du ihnen Gelegenheit gibst, eigene Ideen einzubringen.
5. Oft spart es auch Zeit, da sie bereits tiefer mit dem Thema vertraut sind. Denk an Schwester Marie und die beiden Patientinnen.
6. Falls ein Vorschlag nicht umsetzbar ist, dann erklär, warum das nicht geht und frag nach einer anderen Lösung.

Du siehst, mit der Gegenfrage schulst du deine Mitarbeiterinnen." fasst Justus zusammen.

„Klingt einleuchtend. Doch warum machen das dann nicht alle Vorgesetzten so?" fragt Tom.

> Menschen lassen sich für gewöhnlich leichter durch Gründe überzeugen, die ihnen selbst in den Sinn gekommen sind, als durch solche, die anderen in den Sinn gekommen sind.
>
> Blais Pascal

„Vermutlich hat das vor allem mit der Persönlichkeit des Chefs zu tun. McGregor hat dazu ein Modell entworfen. Er nennt es die XY-Theorie.

1.7 McGregors XY-Theorie

Vorgesetzte die davon ausgehen, dass ihre Mitarbeiter ständig Fehler machen, sichern sich durch strenge Vorschriften und häufige Kontrollen ab. Deshalb brauchen ihre Mitarbeiter selbst keine Verantwortung zu übernehmen. Das führt zu einer erhöhten Anzahl von Fehlern, was die Auffassung des Chefs *Meine Mitarbeiter machen ständig Fehler* bestätigt. Ein vicious circle."

Meine Mitarbeiter machen ständig Fehler.

Das bestätigt den Chef in seiner Auffassung...

Typ X

Daher macht Typ X strenge Vorschriften und kontrolliert häufig.

Daher übernehmen die Mitarbeiter keine Verantwortung. Die Anzahl der Fehler steigt.

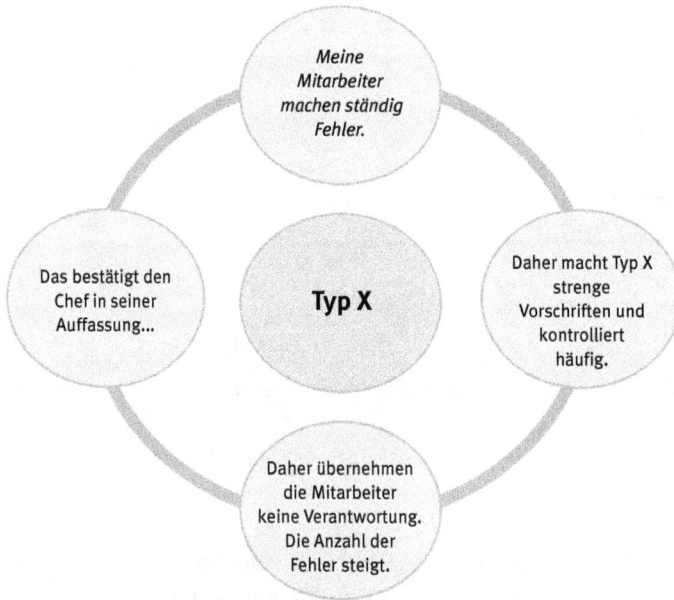

Grafik: McGregors X-Theorie

Tom übernimmt den Stift und zeichnet einen zweiten Ablauf.

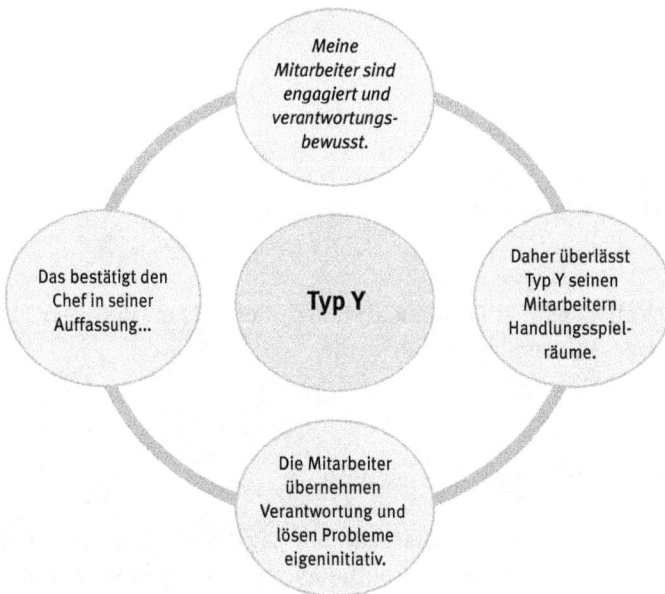

Meine Mitarbeiter sind engagiert und verantwortungsbewusst.

Das bestätigt den Chef in seiner Auffassung...

Typ Y

Daher überlässt Typ Y seinen Mitarbeitern Handlungsspielräume.

Die Mitarbeiter übernehmen Verantwortung und lösen Probleme eigeninitiativ.

Grafik: McGregors Y-Theorie

„Ich stell mir das so vor: Wer davon ausgeht, dass er engagierte und verantwortungsbewusste Mitarbeiter hat, lässt ihnen Handlungsspielräume. Das führt dazu, dass sie Verantwortung übernehmen und eigeninitiativ Probleme lösen. Das bestätigt wiederum den Chef in seiner Auffassung. Das wäre dann wohl ein virtuous circle."

Justus schmunzelt. „Virtuous circle? Heißt das so?"

Tom zuckt mit den Schultern. „Keine Ahnung. Klingt treffend, oder? Warum gehen eigentlich manche Vorgesetzte von so gegenteiligen Grundannahmen aus?"

„Wenn ich mich richtig erinnere, dann entscheiden sich die, für die Selbstbestimmung ein hoher Wert ist, eher für eine kooperative, vertrauensvolle Führung. Wer von zuhause oder der Ausbildung einen direktiven Stil gewöhnt ist, neigt – zumindest in schwierigen Situationen – zu dem gleichen Verhalten. Schon deshalb, weil er da auf viel Erfahrungen zurückgreifen kann."

Tom, der an seine Erziehung und die seiner Kinder zurückdenkt und überlegt: „Vielleicht verhalten sich Eltern deshalb manchmal so, wie sie es eigentlich immer vermeiden wollen." Nachdem sie ein Weilchen gemeinsam darüber beraten haben, halten sie das für die wahrscheinlichste Ursache.

Dann kommt Justus wieder auf McGregors Theorie zurück. „Ich habe mich gefragt, ob es Belege gibt, dass Eigenverantwortung zu besseren Ergebnissen führt, als strikte Anweisungen. Tatsächlich gibt es dazu einige Untersuchungen."

„Wie hat man das denn gemessen?" will Tom wissen.

„Vor allem an der Mitarbeiterzufriedenheit. Eigenverantwortung und ein klares, respektvolles Feedback führte in den meisten Fällen zu wesentlich besseren Ergebnissen. Autoritär geführten Mitarbeiter waren meistens deutlich unzufriedener."

Bei welchen Aufgaben und in welchen Situationen wollen Sie in Zukunft die Eigenverantwortung Ihrer Mitarbeiter fördern?

Bei welchen Fragestellungen werden Sie zukünftig Ihre Mitarbeiter nach einem Vorschlag fragen?

In welchen Fällen kann ihr Feedback klarer oder respektvoller ausfallen?

Was oder wie werden Sie es besser formulieren?

> **Zu viel und zu wenig Vertrauen sind Nachbarskinder.**
>
> Wilhelm Busch

„Hallo Justus. Ist schon ein Weilchen her, seit wir uns getroffen haben. Ich dachte, ich ruf' mal an."

„Mein Freund Horatio, schön dich zu hören. Wie geht's dir?"

Die beiden plaudern ein Weilchen, bis sie darauf zu sprechen kommen, was sich inzwischen bei Tom getan hat.

„Du, dass mit der Gegenfrage funktioniert richtig gut. Meistens auf jeden Fall." Trotz der kleinen Einschränkung klingt Toms Stimme leicht euphorisiert.

„Schön zu hören. Erzähl mal." Justus ist ganz Ohr.

„Am besten lief es mit Schwester Marie. Die hat gute Vorschläge parat und ich nicke die quasi nur noch ab. Inzwischen kommt sie nur noch und fragt ‚Sollen wir so und so machen?' Wie du auch sofort erkannt hast: Tolle Mitarbeiterin. Ein paar Sachen hätte ich zwar lieber etwas anders gehabt, ihr Weg war auch ok. Ich hatte das Gefühl, dass es sie motiviert, wenn sie ihre Lösung umsetzen kann." Justus denkt sich im Stillen ‚Großartig!'

„Ein paar meiner Ärztinnen waren anfangs irritiert, als ich nach ihrem Vorschlag gefragt habe. Die sagten dann so was wie: ‚Chef, ich weiß es nicht. *Deswegen komme ich zu ihnen.*'

Justus denkt an seine Erfahrungen und nickt zustimmend. „Was hast du dann gesagt?"

„Dass ich erst einmal ihre Einschätzung hören möchte. Bei einigen meiner Mitarbeiterinnen gab's unerwartet viel Licht. Ich habe aber auch gemerkt, dass einiges noch im Schatten liegt. Na gut, jetzt weiß ich wenigstens, wo Entwicklungsfelder liegen. Inzwischen haben sich die meisten schon an die Frage gewöhnt. Ein, zwei bringen schon einen Vorschlag mit."

„Ich schätze mal, dass dann auch die anderen bald mit Vorschlägen kommen und dich weiter entlasten. Denke bitte daran: Vorgesetzte, die ihnen eine Lösung nennen, sind für Mitarbeiter bequemer. Als ich Assistent war, gab es Oberärzte, die bei der Visite das Heft in die Hand genommen haben und ich nur mitgelaufen bin. Andere haben sich von mir den Fall und meine Überlegungen schildern lassen und viele Fragen gestellt. Da musste ich mich natürlich besser vorbereiten und auch einfach mehr wissen. Bei denen habe ich wesentlich mehr gelernt. Das war allerdings auch anstrengender. Angenehmer fand ich in der Situation immer die Oberärzte, bei denen ich nur mitgegangen bin. Da konnte ich mich innerlich einfach zurücklehnen."

Tom notiert sich schnell: *Visite?!* und sagt anschließend: „Ich habe aber auch gemerkt, dass ich in einigen Situationen gar nicht fragen kann."

Justus fragt „Wann denn nicht?"

„Wenn der oder die andere einfach noch nicht genug weiß. Wenn beispielsweise eine junge Assistentin zu mir kommt und fragt, in welchen Situationen sie das Troponin bestimmen soll. Dann kommen wir mit der Gegenfrage nicht weiter. Wie machst du das dann?" will Tom wissen.

„Stimmt schon, die Gegenfrage geht erst bei den Fortgeschrittenen. Das mit den Anfängern, lass uns das am besten persönlich besprechen. Ich möchte dir dazu was zeigen. Wann hast du denn wieder Zeit?"

Zusammenfassung – Mitarbeiter beteiligen

Fragen Sie Mitarbeitende, die mit Fragen oder Problemen zu ihnen kommen, möglichst zuerst nach ihren Vorschlägen.
- Sie regen sie damit zum Mitdenken an.
- Sie zeigen, dass Sie an ihrer Meinung interessiert sind.
- Sie können dadurch den jeweiligen Wissens- und Ausbildungsstand besser einschätzen.
- Sie bekommen die Gelegenheit Mitarbeitende für gute Ideen und Vorschläge zu loben.
- Sie erkennen an, dass Ihre Mitarbeitenden eine Situation gegebenenfalls besser einschätzen können, da sie sich schon länger mit ihr befasst haben.
- Überlegen Sie, ob Sie einen nicht optimalen Vorschlag akzeptieren können, wenn die Kosten oder das Risiko begrenzt sind. Lernen aus Erfahrung ist meist nachhaltiger.
- Falls Sie einen Vorschlag nicht annehmen können, erklären Sie warum nicht – und fragen Sie nach einer anderen Idee.

1.8 Kontrollieren, aber wie?

Die Sonne scheint, es weht ein angenehmer Wind. Die kleine Segelyacht stampft leicht durch die Wellen.

Justus steckt den Kopf aus der Kajüte. Er schaut sich um und betrachtet kurz das Segel und den Windanzeiger. Tom hat ihn nicht bemerkt, da er in das Steuern des Boots vertieft ist. Justus ruft ihm zu: „Aye, mein Freund Queequeq, alles in Ordnung?"

Tom blickt sich noch einmal kurz um. Das Fahrwasser ist frei. Die Segel stehen gut, soweit er das inzwischen beurteilen kann. „Aye aye, Mister Ishmael. Alles wie es sein soll." Plötzlich merkt er, dass sich die Haut auf seinen Armen und im Gesicht spannt. Vermutlich hat er die Kraft der Sonne auf See unterschätzt. „Justus, ich glaube, ich brauche doch was von der Sonnencreme."

Justus taucht bald wieder aus dem Niedergang auf und reicht ihm die Creme. „Du hast Talent. Beim Segeln kommt es nur auf ein paar Punkte an. Vor allem, sich nicht ablenken zu lassen." Dann steigt er wieder hinunter in die Kajüte und fragt von dort aus. „Delegierst du inzwischen mehr?"

„Mehr? Ja. Noch nicht genug, aber mehr."

„Wo klappt es besser?" will Justus wissen, während er in der kleinen Pantry am Niedergang das Abendessen vorbereitet.

„Bei der Beschreibung der Aufgaben bin ich deutlicher geworden. Meinen Mitarbeiterinnen ist klarer, was ich erwarte."

Justus reicht einen Teller mit Antipasti ins Cockpit. „Wo klappt's noch nicht so gut?"

„Manchmal kann ich noch nicht ganz loslassen. Vermutlich fehlt es noch am Vertrauen."

Justus wirft einen kurzen Blick auf den Kompass und schaut dann wieder zu Tom. „Sicherst du dich denn ausreichend ab?"

Tom, der den Blick bemerkt hat, korrigiert leicht den Kurs. „Absichern?"

„Kontrollierst du ausreichend?"

_i_ *Was halten Sie davon, Mitarbeiter zu kontrollieren?*

☐ *Mir ist es unangenehm meine Mitarbeiter zu kontrollieren.*

☐ *Mir fehlt es oft an der Zeit, die ordnungsgemäße Ausführung zu kontrollieren.*

☐ *Kontrolle ist für mich meist überflüssig. Ich vertraue meinen Mitarbeitern voll und ganz.*

☐ *Oft werde ich von den Ergebnissen einer Kontrolle unangenehm überrascht.*

☐ *Bei meinen Kontrollen entdecke ich immer wieder Fehler.*

„Das ist mir offen gesagt etwas unangenehm. Erst sage ich meinen Mitarbeiterinnen, dass ich ihnen vertraue und dann kontrolliere ich sie. Das passt doch nicht zusammen."

Justus findet, dass nur heimliches Kontrollieren schlecht für die Zusammenarbeit ist. „Am besten, du stimmst beim Delegieren gleichzeitig ab, an welchen Stellen du wie kontrollieren wirst." Dann blickt Justus zum Windanzeiger und zum Segel. Tom folgt seinem Blick, doch er hat die Segelstellung schon vor ein paar Sekunden leicht korrigiert. Alles ist perfekt.

„Doch dann können sie sich darauf einstellen und ich werde kaum Fehler finden." wendet Tom ein.

„Stimmt genau. Dann kontrollierst du nicht um Fehler zu finden, sondern damit du Gründe hast, sie zu loben. Wie willst du loben, wenn du nicht kontrollierst?

Wenn deine Mitarbeiterinnen wissen, was und wie du kontrollieren wirst, dann können sie im Vorfeld ihre Arbeit selbst beurteilen. Das macht deine Kontrolle fast unnötig. Wenn alles in Ordnung ist, können die Intervalle in Zukunft länger ausfallen." Dann verschwindet Justus wieder in der Kajüte, um sich um den Hauptgang zu kümmern. Als er nach einigen Minuten mit gekühlten Getränken und Gläsern auftaucht, beschließen die Frauen das Sonnenbaden auf dem Vordeck zu unterbrechen und sich zu ihnen ins Cockpit zu setzen.

Justus reicht auch Tom ein Glas. Der kontrolliert noch einmal den Kurs und die Segel, bevor er mit den anderen anstößt. Später spricht er Justus noch einmal dazu an. „Meinst du, ich kann irgendwann auf die Kontrolle verzichten?"

„Nicht solange du die Verantwortung hast. Erfahrungsgemäß kann und wird sich im Laufe der Zeit immer wieder was einschleichen, das du nicht möchtest."

Sandra setzt sich dicht neben Tom und schaut ihm ein, zwei Sekunden in die Augen, bevor sie ihm einen Kuss gibt. „Du bist seit langer Zeit mal wieder richtig entspannt." Tom lächelt sie an und deutet auf das Steuer. „Möchtest du auch mal?"

Zusammenfassung – Kontrollieren

Kontrollieren Sie, um Gründe zum Loben zu finden.
Kündigen Sie daher an,
– wann Sie kontrollieren. (Regelmäßig, Stichproben…)
– welche Teilschritte oder Ergebnisse Sie kontrollieren.
– was Ihre Kriterien für zufriedenstellende und ausgezeichnete Ergebnisse sind.

Dann gibt Kontrolle Ihnen und Ihren Mitarbeitenden Sicherheit.

Sei höflich zu allen, aber freundschaftlich mit wenigen; und diese wenigen sollen sich bewähren, ehe du ihnen Vertrauen schenkst.

George Washington

1.9 Das Klinikhandbuch

Justus' Sekretärin kommt mit einem Tablett und stellt ihnen frischen Kaffee und Obst auf den Besprechungstisch. „Miss Moneypenny, ich danke ihnen." Frau Ortega lächelt ihn an. „Gerne Dr. Jonas." Sie überzeugt sich, dass alles da ist und lächelt die beiden noch mal an, bevor sie geht. Tom schaut ihr bewundernd hinterher. „Eine wirklich nette Mitarbeiterin hast du da. Toll."

„Stimmt schon, die ist toll. Aber nicht immer nett. Meine Interessen verteidigt sie wie eine Löwin ihre Jungen. Ich habe die Erfahrung gemacht, dass Mitarbeiter Absprachen mit ihr nur einmal nicht ernst nehmen. Ich wüsste nicht, was ich hier ohne sie machen sollte. Wie läuft es bei dir in der Abteilung?"

„Immer besser. Gerade habe ich eine interessante Bewerbung bekommen. Oberärztin, Freundin einer Mitarbeiterin. Du hast gesagt, du willst mir was zeigen?"

„Als wir über die Gegenfrage gesprochen haben, sind wir kurz darauf gekommen, dass das bei Anfängern nicht geht. Wir haben hier dazu was entwickelt, auf das wir inzwischen ziemlich stolz sind. Das will ich dir zeigen."

Justus holt einen schmalen Ordner aus dem Regal. „Wenn jemand von uns merkt, dass eine Frage häufiger gestellt wird, dann schreiben wir die Antwort oder den Lösungsweg auf. Quasi eine SOP für die häufigsten Fragen. Die Beschreibung kommt dann in unser Klinikhandbuch."

„Aufschreiben, Klinikhandbuch. Wer schreibt das denn? Ist bestimmt aufwendig, oder?"

„Wer das schreibt? Entweder einer meiner Mitarbeiter oder ich. Kommt auf das Thema an." Justus fragt, ob Tom die Hockeyschläger-Kurve kennt. Tom schaut etwas irritiert und schüttelt leicht den Kopf.

„Vielleicht nennen wir die auch nur hier so. Erst geht es ein Stück nach unten, dann steil und dauerhaft nach oben. Unsere Lösung kostet uns am Anfang etwas Zeit. Die spart sie uns jedoch bald wieder ein. Unser Klinikhandbuch gibt den Mitarbeitern die Sicherheit, selbst Entscheidungen treffen zu können." Tom findet die Idee interessant, ist sich aber nicht sicher, ob so ein Handbuch nicht zu viel Arbeit ist.

„Fang mit den Punkten an, nach denen du oder deine Oberärzte am häufigsten gefragt werdet.

Wann möchtest du immer welche Laborwerte haben? Wann soll immer diese oder jene Untersuchung gemacht werden?

Bei uns machen oft auch Assistenten solche Beschreibungen, quasi als Teil der Fortbildung. Anschließend stellen die sie in der Besprechung vor. Wenn ich sie freigegeben habe, stellen sie sie in einigen Fällen noch bei der Stationsbesprechung der Pflege vor. So sind alle schnell im Bilde, was wann gemacht werden soll."

„Wie baut ihr das auf?"

Justus reicht ihm eine Kopie des Klinikhandbuchs, die Tom durchblättert. „Kannst du mir eine Vorlage geben?"

„Klar. Es ist aber besser, du entwirfst selber eine. So kurz und einfach wie möglich."

„Wenn neue Mitarbeiter zu euch kommen, bekommen die gleich am Anfang diese Mappe?"

Justus nickt. „Das beschleunigt den Einstieg sehr."

Tom blättert weiter. „Wie oft fügt ihr was hinzu?"

„Wir haben mit vier, fünf Beschreibungen angefangen. Anschließend haben wir alle zwei, drei Wochen was ergänzt. Jetzt, nach einem Jahr fügen wir noch alle ein, zwei Monate was hinzu. Als nächstes möchten die Assistenten die Behandlungspfade für die häufigsten Beschwerden aufnehmen.

Das hätte natürlich den Vorteil, dass sie den Patienten und Angehörigen bereits bei der Aufnahme sagen könnten, was vermutlich wann passieren wird und wann sie voraussichtlich entlassen werden. Ich bin mir sicher: Das würde die Patientenzufriedenheit noch einmal deutlich erhöhen."

Tom schüttelt leicht den Kopf und legt den Stift auf den Block. „Das wird bei uns nicht gehen. Dazu sind bei uns zu viele Untersuchungen nötig."

„Das glaube ich dir sofort. Fang mit den häufigsten Fragen an. Der Rest ergibt sich von selbst. Inzwischen habe ich ein paar Klinikhandbücher gesehen und die waren alle unterschiedlich."

Welche verschriftlichten Entscheidungswege würden Ihnen und Ihren Mitarbeitern die Arbeit erleichtern?

Wie würden Sie eine möglichst einfache Prozess-Beschreibung gestalten?

Tom schlägt eine neue Seite in seinem Notizenblock auf und macht sich Notizen. Anschließend fragt er: „Was ist mit intuitiven Entscheidungen?"

1.10 Entscheidungen begründen

„Intuitive Entscheidungen? Wenn du darüber nachdenkst, kannst du deine Intuition meist gut begründen. Gestern wurde ich gefragt, ob der Patient heute nach Hause kann. Ich wollte ihn aber lieber noch einen Tag beobachten. Irgendwie hatte ich den Eindruck, der Patient hat morgens etwas verzögert reagiert. Auch seine Frau wirkte etwas besorgter als am Vortag.

Ich habe dann meinen Mitarbeitern gesagt, was mir aufgefallen ist. Das sind keine harten, messbaren Fakten. Wenn ich Ihnen meine Beobachtungen und Gedanken schildere, lernen sie, auf solche Details zu achten.

Ich erkläre ihnen auch, wogegen ich meine Entscheidung abgewogen habe. Das dauert vielleicht 20, 30 Sekunden länger. So bekommen meine Mitarbeiter mit der Zeit eine Ahnung, wie ich entscheide."

Tom notiert sich: Entscheidungen begründen!

Was war ihre letzte intuitive Entscheidung? Können Sie die Gründe noch nachvollziehen?

1.10.1 Die Leitplanken: Was will ich entscheiden? Was will ich wissen?

„Mein Freund Harry, fahr schon mal den Wagen vor." Tom drückt vorsichtig auf den Regler der Rennbahn, bis die beiden Wagen neben Justus stehen. Der stellt sie in das Wandregal zurück und setzt sich neben Tom.

„Beim letzten Mal haben wir darüber gesprochen, wie du Mikromanagement vermeidest, indem du Aufgaben und Entscheidungen delegierst. Einige Entscheidungen triffst du natürlich weiterhin. Doch es ist wichtig, dass allen immer klar ist, welche Entscheidungen du treffen willst – und welche deine Mitarbeiterinnen treffen sollen. Es sollte allen auch klar sein, worüber du jeweils informiert sein willst. Das sind die Leitplanken, die deinen Mitarbeiterinnen Orientierung geben."

Justus lässt sich Toms Notizbuch geben und zeichnet:

„Du gibst deinen Mitarbeitern klare Leitplanken: Was willst du entscheiden, worüber willst du informiert sein?"

Welche Entscheidungen wollen Sie in Ihrer Abteilung immer selbst treffen?

_____

In welchen Situationen würden Sie eine Ausnahme machen?

_____

Worüber möchten Sie immer informiert werden?

_____

In welchen Situationen würden Sie eine Ausnahme machen?

_____

„Das kann sich aber von Mitarbeiter zu Mitarbeiter unterscheiden." überlegt Tom.

„Ja sicher." stimmt Justus zu. „Vermutlich sieht die Grafik eher so aus:"

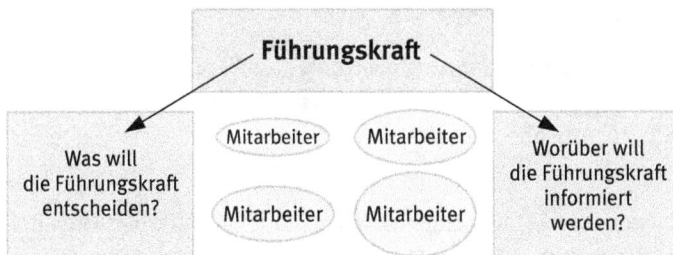

Am besten besprichst du das offen mit deinem Team. Dann ist allen klar: Assistenten dürfen a, b, c. Fachärzte auch d und e. Und so weiter. Wichtig ist vor allem, dass alle wissen: x, y und z entscheidest nur du. Wenn es individuelle Freigaben gibt, dann sollten möglichst alle davon wissen, um Missverständnisse zu vermeiden. Sonst könnten sich Anfänger was abgucken, was nicht für sie gedacht ist."

„Was ist, wenn sich Mitarbeiter an die Regeln halten und dennoch eine falsche Entscheidung treffen?"

Justus überlegt, aber ihm fällt momentan kein Beispiel dazu ein. „Sie haben sich an meine Vorgaben gehalten?"

„Ja. Oder wenn was nicht oder unklar geregelt war. Die berühmte Ausnahme."

Justus erklärt, wenn er als Chef einen Punkt übersehen hätte, dann sei es natürlich dessen Verantwortung.

Tom schluckt und verzieht dann den Mund leicht. „Das ist eine bittere Pille."

Justus nickt. „Frau Ortega hat vor einem halben Jahr den Vorstand nicht zu mir durchgestellt, weil ich ihr gesagt habe, dass ich auf keinen Fall gestört werden wollte. Der Vorstand war, sagen wir mal: sehr ungehalten. Er wollte unbedingt, dass sie dafür eine Abmahnung bekommt. Ich habe ihm erklärt, dass sie lediglich meine Anweisung umgesetzt hätte. Wir hatten dann eine recht lebhafte Diskussion in der ich ihm gesagt habe: *Wenn Sie auf eine Abmahnung bestehen, dann müssen Sie mich abmahnen.* Irgendwie hat Frau Ortega das wohl mitbekommen, denn sie hat sich nachher bei mir bedankt. Ich habe das Gefühl, dass sie spätestens seitdem für mich durchs Feuer gehen würde."

Tom schmunzelt und will wissen, was aus der Abmahnung geworden sei. „Nichts. Ich habe gesagt, dass ich mir die gerahmt ins Büro hängen würde."

1.11 Sind Fehler der Mitarbeiter, Fehler des Chefs?

„Viele Fehler der Mitarbeiter", erklärt Justus, „sind eigentlich Fehler der Chefs." Tom schaut ihn erstaunt an. „Das geht ein wenig weit, oder?"

Doch Justus ist sich sicher. Er hat die Erfahrung gemacht, dass Chefärzte dazu neigen, zu viel Vorwissen vorauszusetzen und deshalb Aufgaben nur oberflächlich erklären. „Oder sie unterschätzen die Aufgabe und geben sie Mitarbeitern, die damit überfordert sind."

Tom hingegen hält dagegen. Einige Mitarbeiter würden schließlich dumme Entscheidungen treffen. „Letzte Woche habe ich Frau Elbling, einer Assistentin gesagt, sie soll eine Weiterbildung der Studenten vorbereiten. Eine ganz einfache, klar überschaubare Aufgabe. Die hat das ganze Wochenende daran gesessen! Zwei Tage – und ist trotzdem nicht rechtzeitig fertig geworden. Dabei war das eine Aufgabe für ein, zwei Stunden. Vorgestern hat sie mir die Präsentation geschickt, mit dem Kommentar *Es fehlten jetzt nur noch ein, zwei Daten.* Gleichzeitig fragte sie in der Email, ob sie dafür zwei Tage Freizeitausgleich bekommt." Tom lacht verzweifelt, kommt aber ins Stocken, als er merkt, dass Justus nicht mit lacht, sondern ganz ernst fragt:

„Hast du ihr vorher erklärt, dass sie ein, zwei Stunden Zeit für die Vorbereitung hat?" Tom verneint.

„Hast du ihr ein Muster gegeben?" Tom schüttelt den Kopf.

„Passt denn das Ergebnis zu den zwei Tagen?" Tom findet, es sei alles viel zu ausführlich beschrieben. Doch der Umfang passe schon zum Aufwand.

„Hast du ihr schon geantwortet?"

„Nein, dazu bin ich noch nicht gekommen. Außerdem habe ich mich auch so geärgert, dass ich Sorge hatte, mich im Ton zu vergreifen." erklärt Tom.

„Gut. Wenn ich dir raten darf: Bedank dich für die gute Arbeit, gib ihr den Freizeitausgleich und erklär beim nächsten Mal genau, was du in welcher Zeit erwartest."

Tom fragt zögerlich, ob Justus tatsächlich meinen würde, dass es allein sein Fehler gewesen sei? Der schaut ihm ernst in die Augen und nickt langsam. „Eindeutig."

Welche Fehler Ihrer Mitarbeiter hätten Sie durch eine genauere Aufgabenbeschreibung vermeiden können?

Welche Fehler sind passiert, weil der Mitarbeiter mit der Aufgabe überfordert war – ohne es zu erkennen?

Mehr dazu, wie Sie Aufgaben eindeutig erklären, erfahren Sie im *Kapitel 1.14: Zusammenfassung – Wirksam delegieren.*

1.12 Gute Führungskräfte haben gute Manieren

Frau Ortega klopft an und öffnet die Tür einen Spalt. Sie möchte nicht stören, doch bevor sie geht, will sie noch fragen, ob Dr. Justus oder sein Gast etwas benötige. „Nein danke, Frau Ortega. Einen schönen Abend noch." Sie verabschiedet sich und schließt leise die Tür.

Tom schaut von der Tür zu Justus. „Justus, wenn ich mir das alles so überlege, finde ich: Du bist ein echt netter Chef." Justus schaut abrupt und etwas irritiert auf. „Nett? Wie kommst du denn darauf?" Tom schaut gedankenverloren auf die Tür zu Frau Ortegas Büro. „Du bist beliebt, alle sind sehr freundlich und alle grüßen dich auch."

Justus zieht die Augenbrauen etwas zusammen, da er Toms Einschätzung nicht so recht nachvollziehen kann. „Sie grüßen mich, doch das ist wirklich keine Kunst. Grüß immer und alle einfach zuerst; am besten mit Namen."

Tom winkt ab, denn er kann sich einfach keine Namen merken. Außerdem sei er oft in Gedanken und bemerke daher andere gar nicht.

Justus hat das Argument für seinen Geschmack inzwischen zu oft gehört „Unsinn. Du hast Medizin studiert. Wenn du damit etwas bewiesen hast, dann, du kannst gut auswendig lernen. Falls dir ein Name wirklich nicht einfällt, dann grüß halt ohne Namen."

Justus weiß inzwischen, dass es für viele Mitarbeitern sehr viel zu bedeutet, wenn Ärzte, und besonders Chefärzte, sie grüßen. Und dass sie gekränkt sind, wenn sie nicht gegrüßt werden. „Ich stelle immer wieder fest, dass besonders das Grüßen einen großen Unterschied machen kann, welchen Ruf ein Chefarzt im Haus hat. Nicht nur bei anderen Berufsgruppen."

Tom hat dem bisher keine große Bedeutung zugestanden. Dann geht er einige Chefärzte in seinem Haus durch und er erkennt, dass an Justus Einschätzung was dran ist. „Doch was mache ich, wenn der Andere nicht zurückgrüßt?"

„Das kann wahrscheinlich jedem mal passieren. Sollte das aber zwei, drei Mal hintereinander passieren, dann spreche ich das an." Tom schaut ihn fragend an. Justus fährt fort. „Ich frage dann: *Entschuldigung, sind Sie vielleicht irgendwie sauer auf mich?* Wenn derjenige dann sagt *Nein, natürlich nicht, wie kommen Sie denn darauf?*, dann sage ich, dass ich beruhigt sei. Ich hätte mir schon Sorgen gemacht, dass ich ihn oder sie versehentlich gekränkt hätte und er mich deshalb nicht mehr grüßen würde. Du wirst sehen, das klappt wunderbar. In kürzester Zeit grüßen dich alle."

„Was ist mit deinen Mitarbeitern? Wie vermittelst du denen, dass sie grüßen?" fragt Tom, der dabei an eine spezielle Mitarbeiterin denkt.

„Wenn ich zum Beispiel auf dem Flur mitbekomme, dass sie jemanden nicht grüßen, dann spreche ich das sofort an. *Ich möchte, dass in meiner Abteilung immer alle gegrüßt werden. Mitarbeiter, Patienten und Besucher. Zumindest mit einem Blickkontakt und einem Lächeln.*"

Justus berichtet Tom von einem Teamtraining, dass sie ein paar Wochen nachdem er Chefarzt wurde, in einem Kloster gemacht hätten. „Dort haben wir uns einen Tag lang damit beschäftigt, wie wir in Zukunft miteinander arbeiten wollen. Aufgaben,

Abläufe und auch persönlich. Hier neben der Tür hängen übrigens die Regeln zum persönlichen Umgang, die wir uns gegeben haben.“

Tom liest die professionell gestalteten Regeln. Offensichtlich haben sie alle unterschrieben. Im Hintergrund ist die Gruppe im Kloster zu sehen.“

> **Wir**
> … hören uns zu und lassen den anderen ausreden.
> … bleiben auch bei Kritikgesprächen respektvoll.
> … nehmen die Aufgaben aller Mitarbeitenden wichtig.
> … kennen alle Mitarbeitenden in unserem Bereich mit Namen.
> … sagen oft Danke.

„Das hängt hier im Arztzimmer, damit wir das immer im Auge behalten. Es ist für uns gleichzeitig ein Versprechen und ein Anspruch.“ Er erklärt, dass die Mitarbeiter alle im Team, darauf ansprechen dürfen, wenn jemand sich nicht an die Regeln hält, also auch ihn. Daher akzeptieren auch alle, wenn er die Regeln strikt einfordere.

Tom steht vor dem Plakat und liest es mehrmals. Er zeigt auf sein Smartphone. „Kann ich mir ein Foto machen?“

„Klar, ich glaube aber, es ist besser, wenn ihr die Regeln miteinander entwerft. Das macht sie verbindlicher.“ Als Tom ihn fragt, ob er mit *Team* auch die Pflege meint, schüttelt Justus den Kopf leicht.

„Mit Team meine ich alle. Pflege, Reinigungskräfte, Kodierassistenten, Sekretärinnen. Alle haben ihren Anteil, wie sehr sich Patienten bei uns umsorgt und aufgehoben fühlen. Besonders die Reinigungskräfte waren anfangs sehr zurückhaltend. Ich habe dann gemeinsam mit ihnen überlegt, was passiert, wenn sie die Station ein paar Tage nicht saubermachen. Es war ihnen sofort klar, dass sich die Beschwerden häufen und im schlimmsten Fall die Station geschlossen würde. Dann haben wir überlegt, was passiere, wenn ich ein paar Tage nicht komme. Es haben zwar alle gelacht, aber ich glaube, die Botschaft ist angekommen. Auf jeden Fall hat ein paar Wochen später das erste Mal eine Reinigungskraft von einer Patientin Blumen bekommen.“

Tom, geht zurück zum Plakat und zeigt auf das Gebäude im Hintergrund. „Was hat es mit dem Kloster auf sich?“

„Wir waren in einem koptischen Kloster bei Bischof Aiman.“ Justus schwärmt vom Oberhaupt der koptischen Kirche in Deutschland. „Ein ganz bescheidener und sehr freundlicher Mensch. Er hat sich um jeden von uns ganz reizend gekümmert, hat uns das Essen gebracht und anschließend das schmutzige Geschirr abgeräumt.“ So sei damals, ohne viele Worte, allen klargeworden: Eine gute Führungskraft dient dem Team, nicht umgekehrt.

Tom überlegt, ob das auch was für sein Team sein könnte und fragt, wo das Kloster sei. „Westfalen, in Höxter. Bevor er ins Kloster eingetreten ist, war Bischof Aiman übrigens Oberarzt, Radiologe."

Tom nimmt sich Zeit und macht in Ruhe Notizen zu Teamregeln, Anstand und ‚dem Team dienen'.

Womit dienen Sie Ihrem Team?

Ein Anführer ist einer, der die anderen unendlich nötig hat.

Antoine de Saint-Exupéry

1.13 Die Führungsstile

Auf ihren Rennrädern fahren die beiden nach der anspruchsvollen Steigung nun entspannt nebeneinander her. Tom steckt seine Getränkeflasche zurück und schaltet einen Gang hoch. „Ich habe ein bisschen über Führungsstile gelesen. Welchen würdest du empfehlen?" Auch Justus legt einen größeren Gang ein, setzt sich aufrechter und streckt seinen Rücken. „Welche wurden denn genannt?"

„Autoritär, kooperativ, kollegial und laissez-faire."

Justus schaut Tom an und fragt: „Was denkst du dazu?"

Tom schüttelt den Kopf leicht. „Autoritär, ich weiß nicht. Kooperativ und kollegial finde ich einleuchtend. Aber laissez-fair? Die Mitarbeiter alleine lassen, ohne Anleitung. Das geht zumindest im Krankenhaus gar nicht, oder?"

Justus antwortet nicht gleich, sondern weist mit dem Kopf nach vorne. „Fahr du vor. Hier kennst du dich besser aus."

Tom wechselt bei der nächsten Gelegenheit vom Radweg auf die Straße. Auf dem beschädigten Radweg hier, hat sein Vorderrad vor einigen Wochen in einem Schlagloch eine ordentliche Macke abbekommen.

Etwas später holt Justus auf und fährt neben Tom: „Erinnerst du dich an unsere erste Stelle als Assistenten? Was der Oberarzt sich für einen Stress mit der Urlaubsplanung gemacht hat? Ewigkeiten hat er an den Plänen gebrütet und nachher hatte immer noch jeder was zu meckern. Das wurde für alle entspannter, als die Assistenten das übernommen haben."

„Meinst du, das war laissez-fair? Bestimmt unbewusst. Der wollte sich einfach den Stress mit den Plänen sparen." Tom zeigt auf eine Auffahrt, die in einigen Metern wieder auf den Radweg führt. „Bei laissez-fair haben die Mitarbeiter also die Verantwortung?"

Nachdem sie überlegt haben, welche Aufgaben Mitarbeiter vollkommen eigenständig erledigen können, kommen sie ins Plaudern. Plötzlich bemerkt Justus, dass der LKW vor ihnen abbremst und einen Schlenker nach links macht. Vermutlich wird er, ohne zu blinken, rechts auf das Firmengelände abbiegen. Als Justus aus dem Augenwinkel sieht, dass Tom die Finger auf die Bremse legt und sein Rad rollen lässt, schaut er nach vorne und dehnt noch einmal seinen Rücken.

„Die Mitarbeiter haben zumindest einen Teil der Verantwortung. Vorgesetzte verantworten, dass sie die Aufgaben den richtigen Mitarbeitern gegeben haben, dass sie das notwendige Wissen, Können und Mittel haben; Zeit zum Beispiel. Dann können sie die Aufgaben mit gutem Gewissen delegieren."

Tom denkt an die Aufgaben, die vielen jungen Ärzten übergeben werden, ohne dass sie richtig angeleitet wurden. Justus ist Toms Reaktion nicht entgangen. „Wir können nur Aufgaben delegieren, wenn wir absolut sicher sind, dass Mitarbeiter und oft genug gezeigt haben, dass sie die Aufgaben beherrscht. Alles andere wäre einfach zu riskant."

Tom lässt sein Rad ein Stück rollen. „Delegieren geht also nur bei Experten." Er blinzelt als er sich umdreht, denn die Sonne steht nun direkt hinter Justus. „Sag mal, welchen Führungsstil hast du eigentlich?"

„Sag du's mir."

Welchen Führungsstil hat Justus?

„Auf jeden Fall nicht autoritär. Das ist einfach nicht dein Stil. Du fragst deine Mitarbeiter nach Lösungen, das ist kollegial."

„Ok, doch was ist mit unseren Regeln und SOPs? Schließlich erwarte ich, dass sich alle daran halten, ohne Ausnahme." Während Tom noch überlegt, schlägt Justus vor, in 30 Metern abzubiegen, er kenne dort eine schöne Nebenstrecke. Er tritt an, überholt Tom und deutet kurz darauf mit der Hand warnend auf den Stummel eines Verkehrsschildes, der versteckt hinter einer Grasnarbe lauert. „Autoritär ist nicht gleichbedeutend mit respektlos oder cholerisch. Du kannst freundlich und gleichzeitig bestimmt und eindeutig sein. Wie die Polizistin, die dich nett und bestimmt auffordert, den Radweg zu nehmen."

Tom zieht die Stirn in Falten. „Du meinst du bis autoritär?"

„In einigen Fällen. Das würde ich dir gerne in Ruhe erklären. Sollen wir uns nachher noch kurz ins Casablanca setzen?"

Kurz darauf sitzen die beiden nebeneinander im Café und sehen schweigend den Seglern auf dem See zu.

„Mein Freund Sam, du wolltest wissen, ob ich autoritär führe, ja?"

Tom nickt.

In welchen Situationen führen Sie autoritär?

1.13.1 Autoritär führen

„Beim *autoritären Führen* trifft der Vorgesetzte die Entscheidung; im besten Fall, weil er einen Wissensvorsprung hat. Daher passt bei Anfängern der autoritäre Führungsstil. Erfahrene Mitarbeiter führe ich manchmal auch autoritär, wenn ihnen zum Beispiel eine Aufgabe noch ganz neu ist. Dort sind sie quasi auch Anfänger. Die Schritte sind dann anweisen, anleiten, kontrollieren und korrigieren. Das gibt allen die Sicherheit, dass das Richtige oder das es richtig gemacht wird."

Bei welchen neuen Aufgaben sind auch Ihre erfahrenen Mitarbeitenden noch Anfänger?

Justus fährt fort. „Autoritär bin ich auch, wenn es schnell gehen muss, bei Notfällen zum Beispiel. Da braucht es klare Ansagen.

Und wenn es nur einen richtigen Weg gibt, dann sind autoritäre Anweisungen effizient. Es macht schließlich keinen Sinn, dass Mitarbeiter noch andere Wege probieren. Dabei geht es aber meist um anspruchslose Routineaufgaben. Die sind klar strukturiert und eindeutig beschreibbar. Sobald Mitarbeiter die notwendige Technik verstanden haben, empfinden sie die Aufgabe als eintönig und belastend. Daher ist es dann notwendig, dass der Vorgesetzte sie ständig kontrolliert und motiviert."

Welche Aufgaben empfinden Ihre Mitarbeitenden als eintönig und belastend?

Justus legt großen Wert darauf, dass autoritäres Führen nichts mit Respektlosigkeit zu tun hat. „Natürlich gibt es in Notsituationen eher Imperative als Konjunktive. Doch respektlos zu werden, ist absolut inakzeptabel. Das ist inakzeptabel, bei mir und bei meinen Mitarbeitern."

Tom fallen die üblichen Verdächtigen des Krankenhausalltags ein und die beiden übertrumpfen sich mit ihren Beispielen respektloser Führung.

In welchen Situationen haben Sie autoritäre Vorgesetzte als respektlos empfunden?

i

_____

Wie hätte die gleiche Aussage respektvoll vermittelt werden können?

i

_____

Beide sind sich einig, laut, bedrohlich oder respektlos ist kein Führungsstil, sondern fehlender Anstand.

Justus weist auf weitere Risiken autoritärer Führung hin. „Besonders gefährlich ist es, erfahrene Mitarbeiter anzuweisen, ihnen zu sagen, wie sie bekannte Aufgaben erledigen sollen, sie eng zu kontrollieren und oft zu korrigieren. Da sie wissen, wie es richtig geht, fühlen sie sich dadurch schnell gegängelt. Daher schalten sie dann schnell ab und denken nicht mehr mit. Dann machen sie machen nur noch genau das, was ihnen gesagt wird; *Dienst nach Vorschrift*. Das führt dann zu der selbsterfüllenden Prophezeiung der Vorgesetzten, dass sie alles alleine machen zu müssen."

Wo neigen Sie dazu, erfahrenen Mitarbeitenden Lösungswege vorzugeben?

i

_____

Zusammenfassung – Autoritär führen

Anweisen, anleiten, kontrollieren, korrigieren.
- Bei Anfängern und Mitarbeitenden, denen diese Aufgabe neu ist.
- Bei Notfällen.
- Wenn es nur einen Lösungsweg gibt.
- Bei anspruchslosen Routineaufgaben.

Autoritär geführte Mitarbeiter brauchen zur Motivation auf Dauer äußere Anreize. (Extrinsische Motivation)

1.13.2 Kooperativ/Kollegial führen

Justus spricht weiter: „Wenn die Aufgaben anspruchsvoller werden und Mitarbeiter über gewisse Grundkenntnisse verfügen, dann möchten sie ihr Wissen anbringen und selbstständiger arbeiten. Wenn ihnen jetzt weiterhin jeder Schritt vorgegeben wird, dann ist das auf Dauer demotivierend.

Kooperativ / kollegial führen wird notwendig, wenn die Aufgaben so komplex werden, dass Vorgesetzte nicht mehr jeden Schritt, sondern nur noch Zwischenschritte oder das Ergebnis kontrollieren können.

Mitarbeiter finden komplexe Aufgaben in der Regel interessant und anregend. Da sie jetzt intrinsisch motiviert sind, brauchen sie keinen Ansporn mehr von außen.

Wenn du deinen Mitarbeiterinnen mehr Freiräume gibst und sie bei Abstimmungs- und Entscheidungsprozessen beteiligst, kostet das mehr Zeit. Autoritäre Entscheidungen sind in dem Moment in der Regel schneller und die Ergebnisse oft auch besser.

Wenn du jedoch deine Mitarbeiterinnen zu Mitdenkern machst, sparst du auf Dauer Zeit und verbesserst die Motivation.“

Zusammenfassung – Kooperativ/Kollegial führen

Mitarbeitende beteiligen spart Zeit und erhöht ihre Motivation.
Mitarbeitende beteiligen,
- bei komplexen Aufgaben,
- wenn verschiedene Lösungswege möglich sind,
- sobald die Mitarbeitenden mit der Aufgabe vertraut sind.

Zwischenschritte und Ergebnisse kontrollieren.
Kooperativ geführte Mitarbeitende brauchen wenig bis keine extrinsische Motivation.

1.13.3 Laissez-fair

„Laissez-fair ist optimal, wenn du mit Experten arbeitest. Die können dir eine Menge Arbeit abnehmen. Schließlich wissen sie, was zu tun ist und wie es geht. Kleinschrittigen Anweisungen und Kontrolle kostet sich Zeit und würde die Experten nur bremsen. Sag ihnen, dass sie sich melden sollen, falls es Probleme gibt und mach ab und zu eine Stichprobe. Schließlich trägst du am Ende immer noch die Verantwortung.

Laissez-faire geht allerdings nur bei Experten. Bei allen anderen führt laissez-fair zwar zuerst zu einer guten Stimmung, doch die kippt durch das entstehende Chaos schnell.“

Zusammenfassung – Laissez fair

Experten wissen was, warum und wie zu erledigen ist. Um ihre Motivation zu erhalten, ist es wichtig ihnen möglichst viel Freiraum zu lassen.
– Aufgaben und Ziele beschreiben, nicht die Wege,
– größtmögliche Freiheitsgrade einräumen,
– Experten sind motiviert, wenn sie gute Arbeitsbedingungen haben. Die Aufgabe der Vorgesetzten ist es hier, Hindernisse aus dem Weg zu räumen.

1.13.4 Mitarbeiter entwickeln

Justus nimmt sich Toms Notizbuch und zeichnet vier Spalten.

Anfänger	Fortgeschrittene	Könner	Experten
haben keine bis geringe Kenntnisse.	kennen die Grundfertigkeiten.	beherrschen die wichtigsten Fertigkeiten.	beherrschen fast alle Aspekte.

Welche Ihrer Mitarbeitenden würden Sie wo zuordnen?

Tom zeigt auf die rechte Spalte. „Die will ich."

„Ok, dann zeige ich dir, wie du die bekommst.

Anfänger haben keine oder wenig Vorkenntnisse zu der neuen Aufgabe. Als Führungskraft bin ich dafür verantwortlich, dass sie schnell die Grundfertigkeiten lernen.

Als Fortgeschrittene kennen sie dann zwar die Grundfertigkeiten, beherrschen sie aber noch nicht. Wenn neue Assistenten sich eingelebt haben und mit Fragen zu mir kommen, versuche ich sie durch Fragen zu den richtigen Entscheidungen zu lenken. Die finden das zwar anstrengend, gleichzeitig sind sie mir aber dankbar, weil sie merken, dass sie so eine Menge lernen.

Könner sind fachlich fast auf Augenhöhe. Daher versuche ich sie bei Entscheidungen möglichst einzubeziehen. Je nachdem, wie sehr ich ihnen vertraue, frage ich sie entweder nach ihrer Meinung oder bitte sie um Vorschläge. Experten übergebe ich dann Aufgaben, für die sie verantwortlich sind."

Tom schaut Justus etwas erstaunt an. „Du, mir wird gerade was klar. Wirklich delegieren kann ich nur an Experten. Nur die können auch die Verantwortung übernehmen."

„Das stimmt, aber es gibt Abstufungen." schränkt Justus ein. „Am Anfang ist es wichtig, dass auch die Experten die Rahmenbedingungen kennen, innerhalb derer sie entscheiden dürfen. Beim neuen Dienstplan-Modell habe ich beispielsweise einige Parameter vorgegeben. Wenn sehr erfahrene Kollegen bei der Planung dabei gewesen wären, hätte ich mir das unter Umständen sparen können."

Das trägt er in die Tabelle ein.

Anfänger	Fortge-schrittene	Könner			Experten	
haben keine bis geringe Kenntnisse.	kennen die Grundfertig-keiten.	beherrschen die wichtigsten Fertigkeiten.			beherrschen fast alle Aspekte.	
anweisen, anleiten und erklären.	unterstützen.	bei Entscheidungen beteiligen.			entscheiden lassen und ihnen Aufgaben dauerhaft delegieren.	
setzen die Anweisung genau um.	in Lehrgesprä-chen zum rich-tigen Ergebnis leiten.	Führungskräfte fragen Mitar-beiter nach deren Meinung.	Führungskräfte wählen aus den Vorschlägen der Mitarbeiter eine Lösung aus.	Führungskräfte beschrei-ben den Entscheidungs-spielraum. Die Mitarbeiter entscheiden.	Die Mitarbeiter entscheiden. Die Führungs-kräfte koor-dinieren die Umsetzung.	

Wie können Sie Ihre einzelnen Mitarbeitenden jeweils anleiten und beteiligen, um sie eine Stufe weiterzuentwickeln?

Dann fragt er Tom: „Da sind wir schon beim nächsten Thema dran. Wie würdest du jeweils kontrollieren?"

Wie viel Kontrolle ist nötig?

Tom geht die Tabelle von links nach rechts durch. „Bei Anfängern muss ich sicher-stellen, dass sie eng genug kontrolliert werden. Wenn sie ein paar Mal gezeigt haben, dass sie es können, würde ich sie schon als Fortgeschritten bezeichnen. Bei Fort-geschrittenen würde ich nur noch die Zwischenergebnisse kontrollieren. Doch was mache ich bei Könnern?"

„Wie gehst du mit deinen Oberärztinnen um? Du wirst ihre Arbeit ja kaum mehr Schritt für Schritt kontrollieren." fragt Justus zurück.

Tom überlegt kurz. „Stimmt. Sie berichten mir täglich von den Patienten und sagen, was sie jeweils vorhaben. Sie wissen meist schon, was ich erwarte oder vorschlage. Ich verstehe schon: Könner werden nicht. Die berichten von ihren Ergebnissen. Und wer Experte in einer Aufgabe ist, braucht die Führungskraft nur, falls es unerwartet Probleme gibt."

Justus empfiehlt Könner in gewissen Abständen zu kontrollieren und auch bei Experten ab und zu Stichproben zu machen. Denn er hat es immer wieder erlebt, dass einige Prozesse sich schleichend verändern. Das gilt besonders, wenn ein anderer Weg leichter scheint.

Anfänger	Fortge-schrittene	Könner		Experten	
haben keine bis geringe Kenntnisse.	kennen die Grundfertigkeiten.	beherrschen die wichtigsten Fertigkeiten.		beherrschen fast alle Aspekte.	
anweisen, anleiten und erklären.	unterstützen.	bei Entscheidungen beteiligen.		entscheiden lassen und ihnen Aufgaben dauerhaft delegieren.	
setzen die Anweisung genau um.	in Lehrgesprächen zum richtigen Ergebnis leiten.	Führungskräfte fragen Mitarbeiter nach deren Meinung.	Führungskräfte wählen aus den Vorschlägen der Mitarbeiter eine Lösung aus.	Führungskräfte beschreiben den Entscheidungsspielraum. Die Mitarbeiter entscheiden.	Die Mitarbeiter entscheiden. Die Führungskräfte koordinieren die Umsetzung.
Alle Arbeitsschritte kontrollieren	Teilergebnisse kontrollieren.	von Ergebnissen berichten lassen. Regelmäßige Stichproben.		sollen sich bei Problemen melden. Sporadische Stichproben.	

Bei wem möchten Sie das aktuelle Maß der Kontrolle anpassen?

Tom betrachtet die Tabelle. Ich finde, hier ist die ganze Zeit der Führungskräfte gefragt. Wir haben noch nicht über die Motivation der Mitarbeiter gesprochen. Gehört es zu meinen Aufgaben, meine Mitarbeiterinnen zu motivieren?"

1.13.5 Mitarbeitermotivation

Wie motiviert schätzen Sie Ihre einzelnen Mitarbeitenden ein?

„Das kommt darauf an." antwortet Justus. Dann fragt Tom, wie er die Motivation von Anfängern einschätzt.

„Anfänger? Die sind sehr motiviert."

Justus nickt und denkt daran, dass er in den ersten Wochen als Assistent gar nicht nach Haus wollte. „Die Motivation erhältst du, indem du dafür sorgst, dass sie eine gute Anleitung und Zeit zum Üben bekommen. Wie motiviert schätzt du die Fortgeschrittenen ein?"

Tom nimmt sich mehr Zeit, bevor er antwortet. „Ich glaube die Anfangseuphorie verfliegt, wenn klar wird, wie komplex eine Aufgabe ist."

Justus erzählt von einem Seminar, an dem er letztes Jahr teilgenommen hat. „Da ging es um Zeitmanagement für Ärzte, hat sich sehr gelohnt. Alle Teilnehmer waren sich anschließend einig: So wollen wir arbeiten. Im Alltag fiel es mir aber schwer, mich konsequent an die Methoden zu halten." Er erzählt Tom, dass es gut war, dass sich der Dozent nach ein paar Tagen gemeldet hat. „Sonst wäre das Seminar vermutlich für die Katz gewesen. Fortgeschrittene brauchen Führungskräfte, die sie motivieren, indem sie ihnen Mut machen und sie überzeugen weiterzumachen."

Tom ist sich nicht sicher, wie motiviert Könner sind. Da es in seinem Team motivierte und nicht-motivierte Könner gibt, kann er kein Muster erkennen.

Justus stimmt ihm zu. „Die Motivation von Könnern lässt sich nicht klar prognostizieren." Daher schreiben Sie *motiviert bis nicht-motiviert* in die Spalte. „Was machst du mit deinen motivierten Könnern?"

„Na, die fördere ich. Die bekommen interessante Aufgaben, Fortbildungen, so was. Bei den unmotivierten bin ich mir nicht sicher." Tom sieht Justus etwas hilflos an.

„Was machst du denn, wenn eine deiner Oberärztinnen sich regelmäßig nicht ausreichend um die Ausbildung kümmert?" fragt Justus zurück.

„Ich werde sie an ihre Aufgaben erinnern."

„Und wenn es sich nicht spürbar verbessert?"

„Dann werde ich es deutlich einfordern." antwortet Tom, mit ernstem Blick.

„Genau, du forderst Leistung von Nicht-Motivierten und förderst Motivierte. Hast du mal das Schlagwort *fordern und fördern* gehört? Das bezieht sich auf unsere Könner."

„Wäre es nicht besser, wenn ich die auch motivieren würde?" überlegt Tom.

Justus schlägt vor, dass sie etwas später auf das Thema zurückkommen. (Kapitel Mitarbeiter motivieren) Zunächst möchte er noch die Experten besprechen. „Die beherrschen das Thema. Sie wissen warum, was und wie es gemacht werden soll. Sie sind meist stark motiviert. Damit sie motiviert bleiben, brauchen sie vor allem gute Arbeits-bedingungen. Eine der wichtigsten Aufgaben ist es daher, genau das zu schaffen.“

Wo möchten Sie Ihre Führungsstrategien der Motivation der Mitarbeitenden anpassen?

i

Als er sieht, dass Tom ihn etwas zweifelnd ansieht, fährt Justus fort. „Natürlich können auch Experten demotiviert sein. Doch darauf kommen wir, wie gesagt, gleich zurück.“ Erste einmal fügt er ihre Ergebnisse in die Tabelle ein.

Anfänger	Fortgeschrit-tene	Könner		Experten	
haben keine bis geringe Kenntnisse.	kennen die Grundfertig-keiten.	beherrschen die wichtigsten Fertigkeiten.		beherrschen fast alle Aspekte.	
anweisen, anleiten und erklären.	unterstützen.	bei Entscheidungen beteiligen.		entscheiden lassen und ihnen Aufgaben dauerhaft delegie-ren.	
setzen die Anweisung genau um.	in Lehrgesprä-chen zum rich-tigen Ergebnis leiten.	Führungs-kräfte fragen Mitarbeiter nach deren Meinung.	Führungs-kräfte wählen aus den Vor-schlägen der Mitarbeiter eine Lösung aus.	Führungs-kräfte beschreiben den Ent-scheidungs-spielraum. Die Mitarbei-ter entschei-den.	Die Mitarbei-ter entschei-den. Die Füh-rungskräfte koordinieren die Umset-zung.
Alle Arbeits-schritte kont-rollieren.	Teilergebnisse kontrollieren.	von Ergebnissen berichten lassen. Regelmäßige Stichpro-ben.		sollen sich bei Problemen melden. Sporadische Stich-proben.	
= Autoritäre Führung	= Kooperative Führung	= Kollegiale Führung		= Laissez-faire	
Anfänger sind meist sehr motiviert.	Fortgeschrit-tene sind meist wenig motiviert.	Einige Könner sind motiviert. Andere sind nicht motiviert.		Experten sind meist sehr sehr motiviert.	
Zeit fürs Anlei-ten nehmen Zeit zum Üben geben.	Kontrollieren, um Gründe zum Loben zu finden. Bei Fehlern Mut machen.	Motivierte fördern. Nicht-Motivierte fordern.		Motivation erhalten: Beteili-gen, Vertrauen, Hindernisse aus dem Weg räumen.	

Führungskräfte treffen die Entscheidung und kontrollieren die Umsetzung. Die Mitarbeitenden vertrauen in das Wissen der Führungs- kräfte.	Mitarbeitende entscheiden und kontrollieren selbst die Umsetzung. Die Führungskräfte vertrauen ihnen.

Tom liest die Tabelle noch einmal in Ruhe und nickt dann zufrieden.

Justus ist noch ein Punkt wichtig: „Die Überschrift unterstellt, die Mitarbeiter wären jeweils Anfänger, Fortgeschrittene und so weiter. Doch so einfach ist das nicht. Das Modell beschreibt die Kommunikation mit Mitarbeitern, in Bezug zu einer bestimmten Aufgabe. Es kann also sein, dass ein deiner Ärztinnen bei einer Untersuchung bereits Expertin ist und Anfängerin bei einer anderen.

Ich habe Mitarbeiter, die durch ihre lange Erfahrung bei vielen Aufgaben Experten sind. Als wir dann ein neues Verfahren eingeführt haben, ...“

„Dort sind sie noch Anfänger.“ unterbricht Tom.

Doch Justus schüttelt mit dem Kopf. „Sie haben ja bereits einiges an medizinischem Vorwissen. Deshalb sind eher Fortgeschrittene. Einige wissen auch aus Erfahrung, dass bei der Einführung Schwierigkeiten auftreten könnten.“

„Daher sind sie oft besonders skeptisch und nicht motiviert, neue Verfahren einzuführen.“ fährt Tom weiter.

„Genau. Wenn Führungskräfte Mitarbeiter generell als Könner oder Experte einschätzen, dann vermeiden sie intuitiv, ihnen Anweisungen zu geben und die Ergebnisse zu kontrollieren. Sobald sie jedoch erkennen, dass die ihre Mitarbeiter bei dieser Aufgabe lediglich Anfänger oder vielleicht Fortgeschrittene sind, können sie auf das gesamte Führungsspektrum zurückgreifen.“ –––

Tom wird klar, dass auch autoritäres und das Laissez-faires Führen seinen Platz hat. „Bisher fand ich beides etwas anrüchig, doch gerade wurde mir klar, dass beides einen klar definierten Platz hat.“

„Ich glaube, dass viele Führungskräfte Anfänger intuitiv einige Aufgaben selbstständig erledigen lassen, weil sie davon ausgehen, dass dafür eine gewisse Lebenserfahrung dafür ausreicht. Doch nur wenige Chefärzte trauen sich intuitiv ihren Könnern oder Experten klare Anweisungen zu geben, wenn es um die Einführung neuer Verfahren geht. Daher kommt es immer wieder zu Schwierigkeiten bei Change-Prozessen.

Im Nachbarkrankenhaus wurde die elektronische Akte eingeführt. Es gibt einige erfahrene Mitarbeiter, die sich weigern papierlos zu arbeiten und daher ihre Unterlagen immer noch ausdrucken. Vermutlich sind sie Experten bei ihren Aufgaben, doch bei der Anwendung der elektronischen Akte sind sie Anfänger.“

„Du meinst, der Chefarzt sollte die Anwendung anweisen? Das macht aber keine gute Stimmung." wendet Tom ein.

Justus zuckt mit den Schultern. „Das wird sich legen, sobald die Mitarbeiter gelernt haben, mit der Akte umzugehen."

Wo passt Ihr jeweiliger Führungsstil intuitiv zu der jeweiligen Kompetenz Ihrer Mitarbeiter?

i

_____

Welche Aufgaben könnten Ihre Mitarbeiter selbstständig(er) übernehmen?

i

_____

Bei welchen Veränderungen ist es notwendig, dass Sie Ihre Mitarbeitenden zunächst noch klarer anweisen und kontrollieren, damit Sie sicher sein können, dass die Veränderungen verlässlich umgesetzt werden?

i

_____

Bei welchen Mitarbeitern möchten Sie Ihren Führungsstil anpassen?

i

_____

Die beiden bestellen bei Carl, dem Kellner, lehnen sich zufrieden zurück und genießen die Aussicht auf den See. Als eine Gruppe Motorradfahrer von der Landstraße auf den Parkplatz einbiegt, dreht sich Tom zu Justus um.

1.13.6 Mitarbeiter motivieren – Mitarbeiter demotivieren

„Jetzt verstehe ich die Situation der neuen Assistenten besser. Die Motivation von Anfängern ist naturgemäß höher als die von Fortgeschrittenen. Ich hatte bisher den Eindruck, es läge an der Generation, die ständig angetrieben werden musste."

Justus ergänzt: „Von meinen Assistenten höre ich oft, dass sie an ihrer ersten Stelle am ersten Tag mitgegangen sind und ab dem zweiten alleine Visite gemacht haben."

Tom findet, dass eben zu wenig Zeit sei, sie gut einzuarbeiten.

Justus ist anderer Meinung. *„Keine Zeit,* ist kein Zustand. *Keine Zeit* ist eine Entscheidung."

Tom betrachtet die Erde zwischen seinen Radrennschuhen und nickt dann unmerklich. „Doch was ist mit den erfahrenen Mitarbeitern, die keine Verantwortung übernehmen wollen?"

„Jetzt verstehe ich die neuen Assistenten etwas besser. Wenn Anfänger keine Anleitung, also keine Sicherheit bekommen, wird aus einem *Ist sehr motiviert / kann wenig* eben ein *Ist nicht motiviert / kann wenig.* Dann bekommen Vorgesetzte schnell den Eindruck, sie müssten die neue Generation ständig antreiben."

„Und was ist mit den Alt-Assistenten? Gute Leute, die keine Verantwortung übernehmen wollen?"

Justus lässt sich Toms Notizbuch geben und schlägt ein leeres Blatt auf. Er möchte sich das *Können* und *Wollen* mit Tom noch mal aus einer anderen Perspektive ansehen. „Wie würdest du die Mitarbeiter in den einzelnen Quadranten bezeichnen?"

> **„*Keine Zeit* ist kein Zustand. *Keine Zeit* ist eine Entscheidung."**

Wollen		
Wollen nicht		
	Können nicht	Können

Welche Ihrer Mitarbeiter würden Sie in welche der vier Quadranten einordnen?

Abgeleitet aus dem vorherigen Modell nennen Justus und Tom das Feld, *Wollen / Können nicht* mit ‚Anfänger'.

Die im Quadranten *Können / Wollen* bezeichnen sie als *Leistungsträger.*

Wer kann, aber nicht will, ist offensichtlich demotiviert.

Tom schaut auf das Feld *Wollen nicht / Können nicht.* „Die dürfte es im Krankenhaus eigentlich nicht geben." findet er.

„Eigentlich nicht. Manche wurden eingestellt, weil die Vorgesetzten niemand anderes hatten. Doch jetzt jemanden einzustellen, weil man niemanden anderen hat, bedeutet keine freie Stelle zu haben, wenn Mr. oder Mrs. Right kommt. Oft ist es besser durch ein Tal zu gehen, als sich dauerhaft ein faules Ei ins Nest zu legen."

	Anfänger	Leistungsträger
Wollen	*Anfänger*	*Leistungsträger*
Wollen nicht	*Fehlbesetzungen*	*Demotivierte*
	Können nicht	Können

Tom malt einen Pfeil von *Anfänger* zu *Leistungsträger*. „*Anfänger* qualifizieren wir, um sie zu Leistungsträgern zu entwickeln. Wie das geht, zeigt unser Führungsmodell." Dann hält er inne und streicht sich übers Kinn. Als Justus ihn fragend anschaut, fährt Tom fort. „Justus, mir wird gerade klar, dass es viel wichtiger ist, dass ich meine Leistungsträger nicht demotiviere und nicht, dass ich versuche, sie irgendwie zu motivieren."

Jetzt kommt auch Justus ins Grübeln. „Stimmt. Die Schwierigkeit ist vermutlich, sich und seinen Führungsstil infrage zu stellen. Besonders in der Zusammenarbeit mit Mitarbeitern, mit denen die Zusammenarbeit schwierig ist."

„Kann mangelnde Motivation nicht auch in der Persönlichkeit liegen?" überlegt Tom.

„Das gibt es vermutlich durchaus." Stimmt Justus zu. Doch er wendet ein, dass das auf Ärzte, vermutlich nur sehr selten zuträfe. „Ein abgeschlossenes Medizinstudium beweist, dass der- oder diejenige sehr motiviert war. Es lohnt sich auf jeden Fall, einmal hinzusehen, was sich verändert hat. Klar, es können die Lebensumstände sein. Es kann aber auch an dauerhaften Frustrationen am Arbeitsplatz liegen. Vorgesetzten, denen es gelingt, die Ursachen zu erkennen, können sie vielleicht abstellen oder lindern."

„Wie bekommt man denn sowas raus?" möchte Tom wissen.

„Am wahrscheinlichsten im jährlichen Mitarbeitergespräch. (Siehe Kapitel 7 *Jährliche Mitarbeitergespräche*) doch auf jeden Fall sollten Vorgesetzte es vermeiden, im stillen Kämmerlein über mögliche Ursachen zu spekulieren."

Zusammenfassung – Mitarbeitermotivation

Für Führungskräfte ist es wichtig zu erfahren, was ihre Mitarbeitenden demotiviert.
Häufigste Demotivatoren sind:
- respektloser Umgang,
- ständiges meckern, nörgeln, kritisieren,
- mangelndes Vertrauen/fehlende Selbstständigkeit,
- fehlendes Feedback,
- schlechte Arbeitsbedingungen,
- unklare Erwartungen,
- intransparente Entscheidungen.

Die beiden sind inzwischen mit ihren Rädern wieder auf dem Rückweg, als Justus seinem Freund zuruft: „Sam, wer als Zweiter am Waldrand ist, putzt die Räder." Sagt's und tritt an. Die beiden liefern sich ein Rennen, bei dem Justus seinen Vorsprung mit Mühe halten kann. Wo ihre kleine Straße die schlecht einsehbare Hauptstraße kreuzt, bremst Justus plötzlich und stellt sein Rad quer, um Tom den Weg zu versperren. Die Motorradfahrer aus dem Casablanca kreuzen, ohne nach rechts oder links zu sehen. Die beiden schauen sich tief durchatmend an. „Das war knapp." Zögerlich und langsam fahren sie weiter. Nach dem Schreck fahren sie die verbleibenden zehn Minuten locker, was Tom die Gelegenheit gibt die über Führungsstile nachzudenken. *Es gibt also nicht den richtigen Führungsstil. Für jede Entwicklungsstufe meiner Mitarbeiterinnen brauche ich einen anderen Stil.*[2]

Wo möchten Sie sich von Ihren Mitarbeitern in Zukunft vor Entscheidungen beraten lassen?

i

_____

Welche Vorteile würden sich daraus ergeben?

i

_____

Tom denkt an zwei seiner Oberärztinnen, die seit Monaten über die eingesetzten Venenkatheter schimpfen. „Ich bin bisher noch nicht dazu gekommen, mich darum zu kümmern. Ich glaube, ich werde ihnen sagen, wie groß das Budget ist und sie bitten, sich darum zu kümmern." Justus stimmt zu. „Du könntest sie auch bitten, das mit dem Einkauf zu besprechen und ihnen sagen, dass sie zu dir kommen sollen, wenn sie dort kein Gehör finden."

---

2 Hersey und Blanchard beschreiben das Modell *Situative Führung* in: P. Hersey, K. Blanchard: *Management of Organizational Behavior*. 4. Auflage. Prentice-Hall, New Jersey 1982, ISBN 0-13-549600-4.

„Das gefällt mir." Tom macht sich Notizen. „Dann würde sicherlich das ständige Schimpfen auf die Katheter aufhören. Außerdem lernen sie dabei gleich, wie es ist mit dem Einkauf zu verhandeln. Laissez-fair führen gefällt mir immer besser."

Auch Justus findet das ein gutes Beispiel. „Im besten Fall werden sie sich nur noch an dich wenden, wenn sie ohne die Unterstützung des Chefarztes nicht weiterkommen. Deine Aufgabe ist es dann nur noch, die letzten Hindernisse aus dem Weg zu räumen."

Tom freut sich schon darauf.

Wo können Sie ihren Experten eine ähnliche Entscheidungsfreiheit einräumen?

i

_____

Welche Vorteile würden sich daraus ergeben?

i

_____

1.14 Delegieren

Im Park des Krankenhauses ist zwischen den Dutzenden von Biergartengarnituren und Bistrotischen kaum noch ein freier Platz zu bekommen. Überall sind kleine Gruppen in Gespräche vertieft und alle scheinen sich gut zu amüsieren. Der Geschäftsführer sucht sich durch die vielen Besucher einen Weg zu den beiden. „Darf ich mich zu Ihnen stellen?"

„Hallo Herr Regent, gerne. Darf ich Ihnen Dr. Jonas vorstellen? Ein Freund von mir, Chefarzt im Saint Laurent."

„Erfreut, Dr. Jonas. Wie gefällt Ihnen unser Sommerfest?"

Tom schaut sich noch einmal um. „Sehr gut. Ich habe den Eindruck, dass viele gekommen sind, oder?"

Der Geschäftsführer erzählt, dass ihn das besonders freut, schließlich war es noch vor wenigen Jahren anders. Damals sind von Jahr zu Jahr weniger gekommen. „Wissen Sie, Dr. Jonas, seit jede Abteilung und jede Station einen kleinen Beitrag übernimmt, kommen die Leute auch wieder. Dr. Major hat sich dieses Jahr übrigens um den ausgezeichneten Wein gekümmert und organisiert, dass der Weinhändler kleine Weinproben macht." Justus nickt anerkennend und Tom erklärt: „Der hatte einen Wasserschaden, bei dem die Kartons und Etiketten beschädigt wurden. Da gab's den Wein wirklich günstig."

Als sie wieder alleine sind, sprechen sie über einen Vortrag, den Toms Oberärztin auf einem Kongress gehalten hat. Tom erkundigt sich vorsichtig, wie Justus den Vortrag fand.

„Du, der war wirklich gut. Warum fragst du?"

Tom druckst etwas rum. „Nun, ich finde sie manchmal etwas, wie soll ich sagen, lebhaft. Ich bin nicht sicher, ob sie auf Menschen, die sie nicht kennen, wirklich seriös wirkt."

„Stimmt schon, sie ist sehr fröhlich. Das war mal was anderes. Ich habe anschließend noch mit einigen Kollegen darüber gesprochen. Denen hat gut gefallen, dass es dieses Mal nicht so nüchtern und trocken war." Justus bemerkt, wie Tom seine Fingernägel betrachtet und sich dabei leise räuspert. Dann fährt er fort: „Sie hat es auf ihre Art gemacht und die war sehr gut." Nach einer Pause fragt er: „Kannst du gut Aufgaben abgeben?"

Wie gut können Sie Aufgaben abgeben?

☐ *Regelmäßig erledige ich Aufgaben selbst, damit ich sicher bin, dass sie richtiggemacht werden.*

☐ *Ich möchte am liebsten über alles informiert sein.*

☐ *Ich finde im Notfall nur schwer jemanden, der mich entlasten oder vertreten kann.*

☐ *Meine Mitarbeiter kennen die für eine Vertretung notwendigen Aufgaben.*

☐ *Sie wissen genau, nach welchen Kriterien ich eine gute Erledigung bemesse.*

☐ *Ich neige dazu Routinetätigkeiten zu erledigen, die auch meine Mitarbeiter erledigen könnten.*

☐ *Ich mache auch sonst Aufgaben, die gute Mitarbeiter mir abnehmen könnten.*

☐ *Mir fehlt die Zeit für wichtige Aufgaben.*

☐ *Ich habe zu wenig Zeit für Planung und Strategie.*

☐ *Regelmäßig schiebe ich wichtige Aufgaben auf, um anderes zu erledigen.*

☐ *Wenn ich aus dem Urlaub wiederkomme, bin ich in den ersten Tagen damit beschäftigt, Mails und liegen Gebliebenes aufzuarbeiten.*

Tom ist bewusst, dass er dazu neigt Aufgaben selbst zu erledigen. Er erklärt Justus, dass es meist schneller gehe, als sie langatmig zu erklären. Meist sei auch das Ergebnis noch besser. „Außerdem bin ich dann auch sicher, dass die Aufgabe erledigt ist."

Justus findet, dass es auch gute Gründe gäbe, Aufgaben zu delegieren.

Was könnten die Gründe sein, von denen Justus spricht?

Justus zählt auf: „Die Vorteile sind:

1. Durch das Delegieren schaffst dir Zeit für wichtigere Aufgaben.
2. Delegieren ist ökonomischer, selbst wenn es länger dauert. Schließlich kostet die Arbeitszeit deiner Mitarbeiter weniger als deine.
3. Du vergrößerst das Kompetenzspektrum deiner Mitarbeiter.
4. So erhöhst du die Motivation und damit die Mitarbeiterbindung.
5. Bei allem Respekt: Durch Arbeitsteilung und durch das Einbeziehen kluger Leute steigerst du die Effizienz.
6. Mit dem Verteilen von Aufgaben, stärkst du das Wir-Gefühl in deinem Team."

Tom lässt seinen Blick über das Sommerfest schweifen und denkt über Justus Argumente nach.

Welche Gründe sind für Sie wichtig?

> It doesn't make sense to hire smart people and tell them what to do; we hire smart people so they can tell us what to do.
>
> Steve Jobs

1.14.1 Einmalaufgaben delegieren

„Justus, nach unserem Gespräch vor ein paar Tagen, will ich mehr delegieren. Ich habe eine Liste der entsprechenden Aufgaben gemacht und überlegt: Wer hatte Vorwissen, Kompetenz und vielleicht sogar schon etwas Erfahrung damit?"

Welche Aufgaben könnten Sie delegieren?

An wen könnten Sie die jeweiligen Aufgaben delegieren?

i

„Es geht um die geplante Patientenmesse." fährt er fort. „Wir präsentieren uns mit zwei Vorträgen und einem Stand. Das soll natürlich alles professionell wirken und alles muss auch für Laien gut verständlich sein. Da ist mir Frau Elbling in den Sinn gekommen. Die Assistentin, die letztens die Weiterbildung so detailliert vorbereitet hat. Ich glaube, das wäre was für sie, oder?" Als Justus ihm nicht widerspricht fährt er fort: „Ich habe mich hingesetzt und mir genau aufgeschrieben, was ich in Zukunft beim Delegieren besprechen will." Er schlägt sein Notizbuch auf und sie schauen gemeinsam auf die Liste.

Zusammenfassung – Wirksam delegieren

1. Was ist das genaue Ziel?
2. Verbessert die Aufgabe zukünftige Chancen des Mitarbeiters?
3. Darf oder soll die Aufgabe während der normalen Arbeit erledigt werden?
4. Wann soll die Aufgabe erledigt sein?
5. Glaubt er die Aufgabe lösen zu können?
6. Will er die Aufgabe übernehmen?
7. Kann er die Aufgabe während der normalen Arbeit erledigen?
8. Was ist genau die Verantwortung des Mitarbeiters? Darf er Teilaufgaben weiterdelegieren?
9. Welche Einschränkungen und Grenzen gibt es?
10. Welche Unterstützung braucht der Mitarbeiter?
11. Welche Hindernisse können auftreten?
12. Welche Termine für Zwischenberichte werden vereinbart?

Die Liste:

Was ist das genaue Ziel? Justus findet es wichtig, das Ziel und nicht den Weg zu beschreiben.

Den zweiten Punkt *Verbessert die Aufgabe zukünftige Chancen?* will Justus auf jeden Fall übernehmen. Das freut Tom offensichtlich.

Sie kommen zum dritten Punkt. „*Darf oder soll die Aufgabe während der normalen Arbeit erledigt werden?* Tom, ich habe eine Ahnung, was meine Mitarbeiter sagen würden, wenn ich sie das frage." wirft Justus ein.

Tom findet die Frage trotzdem wichtig, auch oder weil es hier zu Diskussionen kommen wird. Justus nimmt sich vor, sich auch die Frage zu merken.

„Punkt acht. *Was ist genau die Verantwortung des Mitarbeiters?* Natürlich bleibt die Gesamtverantwortung bei mir." erklärt Tom. „Ein wenig unsicher bin ich mir noch, ob ich den anderen sage, dass der Mitarbeiter weiterdelegieren darf."

Justus schaut unfokussiert an die Decke. „Das würde ich nur machen, wenn es um einen bestimmten Mitarbeiter geht. Wenn es noch nicht klar ist, wer unterstützen könnte, bin ich mir noch nicht sicher. Ich finde, der Betreffende kann sich gegebenenfalls bei dir erkundigen."

Tom fährt fort. „Neuntens. *Welche Einschränkungen und Grenzen gibt es?* Hier denke ich, nach der Erfahrung mit Frau Elbling natürlich zuerst an Zeit. Inzwischen versuche ich immer gleich zu sagen, wie lange ich eine delegierte Aufgabe einschätze und dass derjenige sich bei mir melden soll, falls eine Aufgabe voraussichtlich deutlich länger dauert." Die beiden sehen sich kurz an und nicken.

Justus liest „Zwölftens. *Welche Termine für Zwischenberichte vereinbaren wir?*" Dann fragt er: „Über Kontrolle um Gründe fürs loben zu finden, haben wir schon gesprochen?" Als Tom nickt macht Justus weiter: „Finde ich auch gut. So vermeidest du das Gefühl von Misstrauen, wenn du unerwartet nachfragst oder kontrollierst.

Tom, da hast du dir echt was einfallen lassen. Eine sehr runde Sache. Kann ich eine Kopie für meine Oberärzte haben?"

Tom freut sich, dass sich die Arbeit offensichtlich gelohnt hat. „Danke fürs Kompliment. Na klar, schicke ich dir. Bauchschmerzen macht mir bei Frau Elbling allerdings, ob sie mit der Vorbereitung der Patientenmesse rechtzeitig fertig wird. Sie hatte schon mehrfach Probleme mit Abgabeterminen."

„Dann besprich das mit ihr. Erklär ihr, dass sie zum Beispiel mit der Vorbereitung der letzten Präsentation nicht rechtzeitig fertig wurde und dass dich das in eine unangenehme Situation gebracht hat. Besprecht, wann sie dir dieses Mal den Zwischenstand zeigt. Wählt den Termin so, dass du zur Not für Unterstützung sorgen kannst, damit alles rechtzeitig fertig ist.

Ansonsten vertrau deinen Mitarbeiterinnen, wenn sie einen Termin mit dir vereinbaren. Wenn ich einem Mitarbeiter zum ersten Mal eine wichtige Aufgabe gebe, dann setze ich den Abgabetermin so, dass ich zur Not noch eingreifen kann."

> **Nichts kann einen Menschen mehr Stärken, als das Vertrauen, das man ihm entgegenbringt.**
> Paul Claudel

1.14.2 Das Problem: Rückdelegation

„Papi. Ich kann das nicht." Die vierjährige Sophie steht vor Justus und hält ihm den offenen Reißverschluss ihres Anoraks entgegen. Toms Sohn Karl kniet sich zu ihr, um ihr zu helfen." Justus berührt ihn sanft an der Schulter und schüttelt den Kopf leicht, als Karl zu ihm hochsieht. „Danke Karl. Ich glaube Sophie kriegt das alleine hin." Die schiebt ihre Unterlippe etwas nach vorne und dreht sich um. Während sie in ihr Zimmer geht versucht sie es weiter. Nach ein paar Minuten steht mit geschlossenen Anorak in der Tür zu ihrem Zimmer und ruft: „Ich finde Koko nicht!" „Schätzchen, ich schau nachher nach deinem Äffchen. Wir wollen jetzt los." Kurz darauf sind beide Familien bereit, trotz des Nieselregens spazieren zu gehen.

Toms Smartphone unterbricht ihr Gespräch und er entschuldigt sich. „Ja bitte?" Nach einem Weilchen sagt er dann: „Frau Kerner, ich weiß auch nicht, warum die Briefvorlagen nicht mehr funktionieren. Ich weiß natürlich, wieviel Mehrarbeit das ist, alle Daten von Hand einzugeben. Ich sehe den IT-Leiter am Montag. Ich spreche ihn dann darauf an, ja? ... Danke. Ihnen auch."

Er dreht sich zurück zu Justus, der ihn fragend ansieht. „Und sonst? Wie klappt's, mit dem Delegieren?"

„Mal so und so. Manchmal haben die Mitarbeiter die Aufgabe 1A umgesetzt. Allerdings habe ich bei der Kollegin Lemberger das Gutachten letztendlich fast alleine gemacht." Justus schaut ihn an und zieht fragend die Augenbrauen hoch. „Ich hatte sie montags gebeten eine Stellungnahme zu schreiben. Donnerstagmorgen fängt sich mich auf dem Weg zur Chefarztkonferenz ab. Ich hätte schließlich viel mehr Erfahrung mit sowas. Ob ich vielleicht kurz über ihren Entwurf schauen könnte? Vielleicht hätte ich auch ein paar Stichworte für sie.

Justus, ich weiß, doch ich war gedanklich schon bei der Konferenz. Mir fehlte in diesem Moment echt der Nerv das jetzt zu diskutieren. Ich wollte aber auch nicht unhöflich sein. Also habe ich sie gebeten, mir den Link zu schicken. Ich würde mir das später einmal ansehen. Freitagabend nach dem Lesen fand ich, dass es schneller geht, wenn ich es eben fertigmache.

Später dachte ich mir, ich wäre lieber eher nach Hause gegangen." Justus kommentiert das lachend mit: „Monkey Business."

„Monkey Business?"

„In dem Artikel *Who's got the monkey?*[3] vergleicht der Autor delegierte Aufgaben mit Äffchen. Wer für eine Aufgabe verantwortlich ist, der trägt das Äffchen auf seiner

---

3 Harvard Business Review, Management Time: "Who's got the monkey? by William Oncken, Jr., and

Schulter. So lange er es hat, muss er sich auch darum kümmern; es pflegen und füttern. Wollen Mitarbeiter die Verantwortung für das Äffchen nicht oder meinen, nicht genügend Zeit zu haben, versuchen sie es klammheimlich an den Chef zurückzugeben."

„Und wie?" Tom ist ganz Ohr.

„Es gibt mehrere Methoden. Manche wissen, dass es oft schon reicht, das Problem zu schildern, damit einige Vorgesetzte sagen: *Ich kümmere mich darum.* Andere schmeicheln dem Chef: *Sie als Experte...* oder *Bei ihnen geht das immer ruckzuck. Ich brauche da ewig für.*

Es kann auch gut funktionieren, den Chef anzusprechen, wenn der in Gedanken ist oder wenig Zeit hat. Und Chefs, die Mitarbeiter glauben, dass sie Mitarbeiter mit einem *Ich kümmere mich später darum.* abwimmeln, merken nicht, dass das Äffchen schon unbemerkt auf ihre Schulter gehüpft ist.

Manche Vorgesetzte adoptieren Äffchen aber auch ungewollt, indem sie beispielsweise sagen: *Schicken Sie mir dazu bitte eine Mail.* Dann sind sie nämlich als nächstes am Zug. Eine weitere Aufgabe, ein weiteres Äffchen.

Tom, wenn ein Vorgesetzter, von allen Mitarbeitern insgesamt nur drei Aufgaben am Tag übernimmt, toben am Ende jedes Monats 60 zusätzliche Äffchen durch sein Büro – und halten ihn von seiner Arbeit ab. Das ist Monkey Business."

Tom kommt das bekannt vor. „Anschließend warten die Mitarbeiter auf ihn und beschweren sich, dass er sich Zuviel aufhalst." Er überlegt, wann er das letzte Mal dabei war, als Aufgaben zurückdelegiert wurden.

> Wer insgesamt nur drei Aufgaben am Tag von seinen Mitarbeitern übernimmt, hat in einem Monat 60 zusätzliche Aufgaben.

Wo sollten in den ersten beiden Absätzen dieses Kapitels ‚Problem Rückdelegation' Aufgaben zurückdelegiert werden?

![i]

Wann haben Sie zuletzt zugelassen, dass Aufgaben an sie zurückdelegiert wurden?

![i]

Donald L. Wass, 1974. Der Artikel zählt zu den am häufigsten von der Harvard Business Review verkauften Nachdrucken. Sie finden ein kostenloses Exemplar unter: http://clinicaldepartments.musc.edu/medicine/leadership/documents/Whos_Got_The_Monkey_.pdf

In welchen Situationen neigen Sie dazu, delegierte Aufgaben selbst zu erledigen?

Bei wem neigen Sie dazu, delegierte Aufgaben selbst zu erledigen?

Tom hat sein Notizbuch aufgeschlagen und überlegt, wie Chefs Rückdelegation vermeiden können.

Wie könnte Tom vermeiden, dass seine Mitarbeiterin Aufgaben an den Vorgesetzten zurückdelegiert?

1.14.3 Rückdelegation vermeiden

Justus fährt fort. „Auch hier gilt: Keine Gespräche zwischen Tür und Angel. Wenn deine Mitarbeiterinnen mit einer Aufgabe nicht weiterkommen, dürfen und sollen sie dich ansprechen. Entweder sprechen sie das während eurer regelmäßigen Besprechungen an, oder ihr verabredet, wann ihr das besprecht. Solche Themen sind meist in wenigen Minuten besprochen. Separate Termine haben gleich zwei Vorteile. Erstens lässt du dich so nicht fremdbestimmen. Zweitens gibst du deiner Mitarbeiterin zusätzlich Zeit, über ihr Problem nachzudenken.

Wenn du es sofort besprechen willst, frag deine Mitarbeiterin, was sie tun würde, wenn du nicht da wärst. Oder, wie sie das Problem lösen könnte. Oder, was sie schon versucht hat. Braucht sie vielleicht eine Befugnis oder Kompetenz, um die Aufgabe zu lösen?

Ist die Aufgabe zu schwierig, erkläre ihr, wie sie sich qualifizieren kann oder bei wem sie Unterstützung bekommt, zum Beispiel von einer erfahrenen Kollegin. Wenn beides nicht geht, dann gib die Aufgabe jemand anderem.

Fehlen Informationen? Dann sage, wo es die Informationen gibt.

Braucht sie eine Entscheidung? Dann bitte um einen Vorschlag.

Geht es um eine Rückmeldung über ihre Arbeitsweise? Dann gibst du ihr die Rückmeldung.

Zusammenfassung – Rückdelegation vermeiden

Vermeiden Sie spontane Gespräche. Vereinbaren Sie stattdessen einen Termin, an dem Sie über die Aufgabe sprechen.

Mögliche Fragen bei dem Termin:
- Was hat die Mitarbeiterin bereits versucht, um die Aufgabe zu lösen?
- Was ist Ihr Vorschlag, um das Problem zu lösen?
- Was würde sie tun, wenn Sie nicht da wären?
- Welche Befugnis oder Kompetenz braucht sie, um das Problem selbst zu lösen?
- Ist die Aufgabe zu schwierig? Wie kann sich die Mitarbeiterin qualifizieren oder bei wem erhält sie Unterstützung? Wenn beides nicht geht, dann übergeben Sie die Aufgabe jemand anders.
- Fehlen Informationen? Wo gibt es die?
- Wird eine Entscheidung benötigt? Was ist der Vorschlag der Mitarbeiterin?
- Braucht sie eine Rückmeldung zur Arbeitsweise? Dann geben Sie sie.

1.14.4 Die Äffchen zurückgeben

„Das ist gut, danke. Gerade merke ich, dass ich schon einige Aufgaben unbemerkt wieder zurückbekommen habe. Was mache ich denn jetzt?"

Justus weiß aus Erfahrung, dass das schnell passieren kann. „Als Vorgesetzter weißt du fast immer, wie es besser oder schneller geht. Vielleicht machst du die Aufgabe auch einfach gerne. Rückdelegation kann also passieren, ist aber nicht schlimm. Sprich unter vier Augen über die zurückdelegierten Aufgaben. Überlegt, was sie jetzt tun kann oder soll. Wichtig ist, dass der nächste Schritt immer von ihr kommt. Wenn du am Ende des Gesprächs erst mal was zu tun hast, bevor sie anfangen kann, sitzt das Äffchen wieder bei dir."

Welche Aufgaben wollen Sie Ihren Mitarbeitern zurückgeben?

Wie und wann wollen Sie das mit den Betreffenden besprechen?

1.14.5 Aufgaben dauerhaft delegieren

Tom kommt aus dem Büro des Steuerberaters und betritt die kleine Bar nebenan, wo Justus bereits auf ihn wartet. „Mein Freund Jake, wie bist du den Cops entkommen?"

Tom schüttelt den Kopf, als wolle er einen unangenehmen Gedanken abschütteln. „Justus, lass uns ein Stück gehen, ich brauche jetzt Bewegung. Steuererklärung,

Abrechnung, Abschreibung. Die reinste Qual. Ich bin so froh, dass mir meine Steuerberaterin das meiste vom Hals hält."

Unterwegs erzählt er, wie sehr sich Frau Elbling gefreut hat, als er sie auf die Patientenmesse angesprochen hat.

„Zwei Tage später kam sie mit der Idee, einen kleinen Film zu zeigen. Ihr Neffe studiert Medienwissenschaft und braucht für sein Studium noch ein Projekt. Der würde das quasi umsonst machen. Die beiden sind Feuer und Flamme."

Justus ist beeindruckt und Tom fährt fort. „Jetzt überlege ich, ob ich sie auf unser neues Verfahren anspreche. Außer mir haben wir momentan niemanden, der das richtig kann. Sie könnte später auch die Weiterbildungen für die Kollegen im Haus anbieten. Dann können die das in Zukunft auch selbst und fragen nicht mehr so oft bei uns. Was meinst du?"

Was sollte Tom beachten, wenn er Frau Elbling die Aufgabe dauerhaft delegieren will?

„Wäre das was für sie?" fragt Justus.

Tom hebt leicht die Schultern. „Ich glaube schon. Sie muss es irgendwann sowieso lernen. Sie macht gerade den Eindruck, dass sie momentan noch Themen sucht, in denen sie sich spezialisieren kann."

Justus, der merkt, wie sehr Tom für die Idee begeistert, lässt sich Toms Plan schildern.

„Falls sie einverstanden ist, dachte ich mir das so:
1. Wir stimmen die notwendigen Schritte genau miteinander ab. Da sie manchmal mit den Terminen nicht zurechtkommt, würde ich mir engmaschig berichten lassen.
2. Sobald sie sich mit dem Thema vertraut gemacht hat, soll sie mir das weitere Vorgehen vorschlagen.
3. Nach und nach übergebe ich ihr alle dazugehörenden Aufgaben, damit
   a) unsere Spezialistin wird,
   b) die Weiterbildung übernimmt,
   c) möglichst auch die Konsile bearbeitet.
4. Ich ziehe mich nach und nach komplett aus dem Thema zurückziehen. Mir reicht es, wenn sie mich ab und zu über Veränderungen informiert, damit ich weiter bin Bild bin."

Justus bleibt stehen und fragt: „Dir ist aber schon klar, dass sie dann irgendwann besser ist als du?"

Tom sieht zum Ende des Wegs und dreht sich dann zu seinem Freund: „Ist ein schönes Ziel, oder?"

„Natürlich. Wichtig ist aber, den Leuten dann nicht mehr reinzureden." Justus ist etwas gespannt, wie Tom darauf reagiert. Doch der fasst ihm nur lachend auf die Schulter und erzählt ihm von seiner letzten Erfahrung mit Schwester Marie, der Stationsleitung.

„Die schickte mir seit einiger Zeit plötzlich alle Patienten und Angehörigen, wenn die sich über fehlende Einzelzimmer beklagen. Ich also letzte Woche zu ihr und frage sie, was das bitte soll. Da sagt sie *Herr Doktor, ich habe in den letzten Wochen drei Patienten gesagt, dass wir keine Einzelzimmer mehr hätten. Als die sich dann bei Ihnen beschwerten, haben Sie andere Patienten entlassen oder verlegt. Können Sie sich vorstellen, was wir uns dann jedes Mal angehört haben, wenn anschließend diesen Patienten einen Wunsch abgeschlagen mussten?"* Justus muss nun auch schmunzeln. Tom nickt lachend und erzählt weiter. „Sie hat mir dann erklärt, dass es für sie absolut in Ordnung sei, wenn ich das Bettenmanagement übernehme. Doch wenn ich möchte, dass die Pflege was macht, dann sollen wir uns bitte auch nicht einmischen."

„Uups. Das hat gesessen, oder?" „Na klar. Ich habe dann ein paar Stück Kuchen besorgt und mich entschuldigt. Justus, jetzt habe ich Appetit. Du auch?"

Zusammenfassung – Aufgaben dauerhaft delegieren

- Was ist das Ziel der dauerhaften Delegation?
- Verbessert die Aufgabe zukünftige Chancen der Mitarbeiterin?
- Was ist genau die Verantwortung der Mitarbeiterin? Darf sie Teilaufgaben weiterdelegieren?
- Möchte sie die Aufgabe übernehmen? Falls nein: Fehlt es noch an Wissen/Können/Erfahrung/ Selbstvertrauen?
- Welches weitere Vorgehen schlägt sie vor?
- Welche Unterstützung braucht sie?
- Wie viel Ressourcen darf sie einsetzen? Wie lange darf es beispielsweise dauern?
- Welche Einschränkungen und Grenzen gibt es?
- Welche Termine für Zwischenberichte sind zu vereinbaren?

Wer seiner Führungsrolle gerecht werden will, muss genug Vernunft besitzen, um die Aufgaben den richtigen Leuten zu übertragen, und genügend Selbstdisziplin, um ihnen nicht ins Handwerk zu pfuschen.

Theodore Roosevelt

2 Mitarbeitergespräche

2.1 Die vier Seiten einer Aussage

„K.I.T.T., es ist grün." Justus zeigt von der Beifahrerseite auf die Ampel vor Ihnen. Tom verdreht die Augen und atmet vernehmbar aus. „Ich weiß. Ich bin doch nicht ..." Er bricht den Satz ab und fährt zackig an. Nachdem sie ein paar Minuten schweigend nebeneinander saßen, dreht er sich zu Jonas: „Entschuldigung. Ich bin gerade ziemlich genervt. Als ich gerade gehen wollte, kam noch eine Angehörige zu mir. *Seit meine Mutter bei Ihnen liegt, geht es ihr immer schlechter.* Ich ärgere mich kolossal über eine so ignorante Aussage. Die Stationsärztin hat sich da richtig reingehangen. Ich war jeden Tag bei der Patientin. Was erwartet die Tochter denn? Dass sie ihre schwer kranke 92-jährige Mutter zu uns bringt und die nach 14 Tagen einen Marathon laufen kann?"

Die beiden sprechen über den Fall, bis sie bei Justus ankommen. Dort macht Justus ihnen einen Kaffee und sie setzen sich an den Gartentisch.

„Tom, ich verstehe, dass man sich über so einen Satz ärgern kann. Man kann es allerdings auch ganz anders verstehen. Genau genommen gibt es noch drei weitere Interpretationsmöglichkeiten. Hast du mal von dem 4-Ohren-Modell gehört?"

„Da klingelt was bei mir. Sachebene, Beziehungsebene, Appell und so. Ist das nicht von Schulz von Thun?"

„Genau. Wobei das *und so* vielleicht das Wichtigste ist." ergänzt Justus. „Doch eins nach dem anderen. *Seit meine Mutter bei Ihnen liegt, geht es ihr immer schlechter.* Was heißt das denn, wenn wir es wörtlich nehmen?"

Notiz: *Was könnte die Tochter beobachtet haben, dass Sie zu der Aussage kam?*

i

2.1.1 Sachebene

Tom stutzt kurz und sagt dann, ein klein wenig patzig. „Na, dass es der Mutter schlechter geht."

„Ok. Doch was könnte die Tochter denn ganz konkret meinen?" Justus gibt Tom Zeit, sich in die Situation zu versetzen.

„Es könnte sein, dass die Mutter sich kaum noch bewegt und wenig spricht, oder sie isst kaum noch was."

DOI 10.1515/9783110495553-005

Justus nickt. „Könnte sein. Darüber könntest du dann mit der Tochter sprechen. Du könntest auch mit der Pflege sprechen, ob die auch den Eindruck haben. Vielleicht gibt die Tochter auch ein paar Hinweise, die euch noch nicht so klar waren. Auf der Sachebene geht es um sachliche und neutrale Informationen. Hier gibt es keine Schuldzuweisung und daher auch keinen Streit." Tom nickt.

Wir können jede Aussage als Aufforderung verstehen, den Appell. Was will die Tochter, wenn sie dir sagt: *Seit meine Mutter hier liegt, geht es ihr immer schlechter.*"

Was könnte die Tochter wollen?

2.1.2 Appell

„Dass ich dafür sorge, dass die Mutter wieder gesund wird. Oder sie möchte die medizinische Situation besser verstehen. Vielleicht will sie auch, dass die Mutter häufiger mobilisiert wird." zählt Tom auf.

Justus stimmt zu. „Ist alles möglich. Entscheidend ist es daher, zuerst zu klären, was der oder in diesem Fall diejenige will. Erst dann solltest du entscheiden, ob du den Wunsch erfüllen kannst. Leider klären nur die wenigsten die Wünsche und Erwartungen ihres Gegenübers. Viel häufiger wird dem Anderen unterstellt, dass er etwas quasi Unerfüllbares will. Darüber ärgern wir uns dann. So wie du mit dem Marathon eben. Das erste Mal ist mir das in der Notaufnahme aufgefallen. Eine Patientin beschwerte sich, dass sie schon seit über zwei Stunden warten würde."

Tom seufzt, da er solche Situationen offensichtlich kennt.

„Tom, was glaubst du, was die Patientin wollte?"

Was wollte die Patientin vermutlich?

Tom ist sich sicher: „Ist doch klar. Die wollte schneller drankommen."

Justus ist sich nicht so sicher. „Im Wartebereich warteten bestimmt zehn weitere Patienten. Einige waren schon vor ihr da. Ich kann mir nicht vorstellen, dass sie damit rechnete, alle überspringen zu können, indem sie zur Anmeldung ging.

Tom schaut sich die Situation vor seinem geistigen Auge an. Dann blickt er zu Justus. „Was glaubst du, was sie wollte?"

Justus erzählt, dass er die Patientin, darauf angesprochen hat. *Sie sehen ja, dass es hier momentan sehr voll ist. Was können wir denn jetzt für Sie tun?* Die Patientin fragte, ob sie kurz telefonieren könnte. Ihr Handy-Akku sei leer und sie würde gerne ihre Nachbarin bitten, die Kinder reinzulassen, wenn die aus der Schule kämen. Ich fand das total nachvollziehbar und zudem leicht zu lösen. Seitdem fragen die Mitarbeiter immer, wenn Patienten sich über Wartezeiten beschweren, was sie für sie tun können, oder wie sie ihnen die Wartezeiten erträglicher machen können. In all den Jahren, hat meines Wissens niemand gesagt, dass er die anderen überspringen möchte. Oft wollten die Patienten lediglich wissen, wie lange es noch dauert, ob sie sich was zu essen holen dürfen oder ob sie woanders warten können.

Tom blickt gedankenverloren durch den Garten. „Wenn ich es mir genau überlege, dann habe ich vermutlich schon oft Erwartungen unterstellt, ohne sie überprüft zu haben."

Wann haben Sie in der Vergangenheit mit Ihrer Spekulation möglicherweise falsch gelegen?

In welchen Situationen könnte es sich in Zukunft lohnen, den Wunsch Ihres Gegenübers zu erfragen?

2.1.3 Beziehungsebene

Justus fährt fort. „Auf der Beziehungsebene interpretieren die Gesprächspartner, ob sie sich auf Augenhöhe zueinander befinden, oder ob einer sich über- oder unterlegen fühlt. Was meinst du: Wie interpretiert die Tochter die Situation, wenn sie dir sagt: *Seit meine Mutter bei Ihnen liegt, geht es ihr immer schlechter.*"

Was glauben Sie?

„Die fühlt sich überlegen." Tom ist sich ganz sicher.

Justus bezweifelt das. „Wenn es meiner Mutter zunehmend schlechter ginge, ich hätte vor allem Angst um sie. Wenn ich ihr nicht helfen könnte, wäre ich auch verzweifelt. Doch ich würde mich nicht überlegen fühlen."

Tom nickt etwas betroffen. „Da ist was dran."

„Konflikte entstehen vor allem auf der Beziehungsebene. Viele haben schnell das Gefühl, dass jemand sich über sie stellen will."

Tom fällt die Szene an der Ampel wieder ein. Er hatte auch sofort das Gefühl, dass Justus ihn bevormunden wollte, obwohl er weiß, dass das nicht Justus' Art ist. Dann fällt ihm ein Kollege im Krankenhaus ein. „Aber einige behandeln Menschen doch tatsächlich von oben herab."

Justus Lippen werden etwas schmaler, als er an die vielen Situationen seiner Ausbildung zurückdenkt. Er schlägt vor, dass sie gleich noch einmal auf das Thema zurückkommen.

Tom nickt. „In Ordnung. Gibt es das, dass sich Menschen freiwillig unter den anderen stellen?"

Welche Situationen im Krankenhaus fallen Ihnen dazu ein?

_____

„Einige Patienten wollen zum Beispiel Ärzten die Entscheidung überlassen. Oder sie weisen auf ihre Hilfsbedürftigkeit hin."

Tom wendet ein, dass er das Gefühl habe, Patienten wollten heutzutage mehr selbst entscheiden. Er möchte wissen, was Justus dazu meint.

Wo erleben Sie das zunehmende Bedürfnis von Patienten nach Mitbestimmung?

_____

Justus nickt. „Ich glaube, dass da was dran ist. Der Rat von Ärzten ist für viele Patienten unverbindlicher. Bei uns haben wir den Eindruck, dass sich Patienten häufiger als sonst eine zweite Meinung bei uns holen."

Tom stimmt Justus zu. „Zu uns kommen immer häufiger Patienten mit einer fertigen Diagnose und Therapie, die sie im Internet gefunden haben. Vermutlich ist Mitbestimmung ein aktueller Trend. In der Klasse unserer Jungs lassen die Lehrer die Schüler Inhalte und Methoden mitbestimmen. Ständig werde ich aufgefordert Produkte oder Unternehmen zu bewerten. Vielleicht liegt das daran, dass viele Mitarbeiter heute selbstbewusster auftreten."

Wo erleben Sie, dass Mitarbeiter ihren Vorgesetzten gleichberechtigter begegnen?

_____

Tom holt sein Notizbuch aus der Tasche. „Was war noch mal die vierte Seite?"

2.1.4 Selbstoffenbarung

„Sprecher sagen immer auch etwas über sich aus. Jede Äußerung ist auch eine Selbstdarstellung, teilweise bewusst und beabsichtigt, teilweise unbewusst und unfreiwillig. Schulz von Thun nennt die vierte Seite daher Selbstoffenbarung. Wir haben ja gerade schon darüber spekuliert, dass die Tochter sich wohl Sorgen machte oder sie sich hilflos fühlt."

„Sie könnte sich auch Vorwürfe machen, weil sie sich nicht gut genug um ihre Mutter gekümmert hat." ergänzt Tom und will von Justus wissen, warum er diese Seite für so wichtig hält.

„Weil sie in uns neue Türen öffnet. Solange wir beispielsweise das Gefühl haben, dass uns jemand angreift, wollen wir uns wehren. Wenn wir jedoch beispielsweise bemerken, dass unser Gegenüber gerade Angst hat, sich hilflos fühlt oder sich Vorwürfe macht, dann haben wir plötzlich viel mehr Möglichkeiten zu reagieren. Wir werden verständnisvoll und sind viel eher bereit, zu helfen." Justus lässt sich von Tom das Notizbuch geben und zeichnet ein Quadrat. „Damit haben wir vier verschiedene Interpretationsmöglichkeiten, immer."

Tom findet das 4-Ohren-Modell einleuchtend, doch er ist sich unsicher, ob er immer erkennt, was der andere jeweils meint.

Sachebene

Interpretation:

*Ihr Zustand hat sich
an folgenden Punkten
verschlechtert.*

Selbstoffenbarung

Interpretation:
*Ich mache mir große
Sorgen um meine Mutter.*

***Seit meine Mutter bei
Ihnen liegt, geht es ihr
immer schlechter.***

Appell

Interpretation:
*Kümmern Sie sich
besser um sie.*

Beziehungsebene

Interpretation:
*Sie sind schuld, dass es
ihr schlecht geht.*

„Du hast mehrere Möglichkeiten das rauszubekommen. Du kannst natürlich fragen. Ein Satz wie: *Ich bin mir nicht sicher, was Sie jetzt von mir möchten.* kann von entwaffnender Offenheit sein. Zudem zwingt er den anderen eine möglicherweise verdeckte Botschaft offen zu legen."

Tom denkt an das Gespräch gestern, als ein anderer Arzt zu ihm sagte: *Ihren Mitarbeiterinnen scheint ihre Freizeit ja sehr wichtig zu sein.* Was hätte der wohl geantwortet, wenn Tom ihn gefragt hätte: *Ich bin mir nicht sicher, was sie mir sagen wollen.*

Justus fährt fort. „Letztendlich hast du die Deutungshoheit. Du entscheidest, auf welche Seite du jeweils reagieren willst. Nehmen wir noch mal *Seit meine Mutter bei Ihnen liegt, geht es ihr immer schlechter.* Welche Möglichkeiten hättest du, jeweils zu reagieren?"

Tom nimmt sich einen Stift und schreibt seine Antworten mit.

Sachebene

Interpretation:
Ihr Zustand hat sich verschlechtert.

Antwort:
Woran erkennen Sie das?

Selbstoffenbarung

Interpretation:
Ich mache mir große Sorgen um meine Mutter.

Antwort:
Ihre Mutter ist bei uns in guten Händen.

Seit meine Mutter bei Ihnen liegt, geht es ihr immer schlechter.

Apell

Interpretation:
Kümmern Sie sich besser um sie.

Antwort:
Was würde Ihrer Mutter Ihrer Meinung nach gut tun?

Beziehungsebene

Interpretation:
Sie sind schuld, dass es ihr schlecht geht.

Typische Antworten:

Wir tun unser Bestes.
(Rechtfertigung)

Wenn Sie Ihre Mutter etwas eher zu uns gebracht hätten...
(Gegenangriff)

Tom wird das Prinzip klarer. „Wie lerne ich das? Ich meine, ohne lange darüber nachzudenken"

„So banal es klingt: Üben. Achte darauf, wann du dich über ein Verhalten ärgerst. Der Autofahrer, der an der Ampel hinter dir hupt. Hält er dich für einen schlechten Autofahrer? Oder ist er gerade besonders nervös? Der Arzt, der sich über deine inkompetenten Mitarbeiterinnen beschwert. Fühlt er sich vielleicht überfordert? Die Assistentin, die nicht bei der Untersuchung dabei sein will. Ist sie desinteressiert? Oder hat sie etwas anderes Wichtiges zu tun?

Es gibt übrigens an der Charité eine mehrjährige Untersuchung dazu. Sie konnte nachweisen, dass Mitarbeitende, die ein Empathie-Training gemacht haben, eine höhere Arbeitszufriedenheit haben, länger bei einem Arbeitgeber bleiben und sogar seltener krank werden."

Sie sind sich bald einig, dass das vermutlich daran liegt, dass sich die Mitarbeiter seltener über andere ärgern, da sie öfter in der Lage sind, sich in ihr Gegenüber zu versetzen.

2.1.5 Widerstand vermeiden

Die beiden Pärchen bereiten die Veranda für das Fußballfinale vor.

„Sandra, du musst noch den Rotwein öffnen." Sandras Lippen werden unmerklich schmaler. „Augenblick noch. Jungs, könnt ihr bitte ein wenig vorsichtiger mit dem Ball sein? Ich will nicht, dass wieder was kaputtgeht." Dann holt sie die Weinflasche und den Korkenzieher. Die Jungs toben weiter.

Justus, der die Szene aufmerksam beobachtet hat, setzt sich zu den anderen an den Tisch und bietet den mitgebrachten Salat an. „Letztes Jahr haben Kommunikationswissenschaftler bei uns ein interessantes Experiment gemacht. Sie haben bei den Pflegenden bei uns auf der Station kleine Stoppuhren verteilt. Damit sollten sie die Zeit messen, die Patienten jeweils brauchen, wenn sie zum Beispiel zum Röntgen müssen, oder zur Therapie. Sie sagten also *Sie müssen jetzt zum Röntgen*. Gleichzeitig starteten sie, verdeckt in der Tasche des Kasacks, die Stoppuhr. Sobald die Patienten anschließend das Zimmer verließen, stoppten sie die Zeit, die die Patienten benötigten. Eine Woche lang haben sie so die Durchschnittzeit gemessen, die es brauchte, bis Patienten der Aufforderung nachkamen."

„Und?" fragt Sandra interessiert?

„Der Durchschnitt lag bei 1,16 Minuten"

Tom ist erstaunt „Warum so lange?"

„Weil die meisten Patienten anscheinend erst noch mal eine andere Tätigkeit einge-
schoben haben. Sie sind beispielsweise erst nochmal ins Bad gegangen oder wollten
zu Ende frühstücken. So was halt."

„Dabei sollte man doch meinen, dass gerade bei euren schwerkranken Patienten, die
Compliance hoch ist." Bemerkt Tom etwas verwundert.

„Stimmt. Deswegen sind die Kommunikationswissenschaftler ja zu uns gekommen.
Ihre These ist, dass viele auf „Sie müssen" unbewusst ihre Autonomie demonstrieren wollen. Daher machen sie demonstrativ erst etwas anderes, bevor sie der Aufforderung nachkommen. Sandra, als Tom dir gesagt hat, du müsstest den Wein noch
öffnen. Ist dir aufgefallen, dass du zuerst noch was anderes gemacht hast?"

Sandra denkt kurz nach. „Ich wollte erst mit den Jungen sprechen." „Ich glaube, du
hast nicht mit den Jungs gesprochen. Du hast was gerufen und ich glaube, du hast
auch gemerkt, dass die dich gehört haben, oder?"

„Kann sein."

Tom spricht weiter. „Bei uns haben sie überprüft, ob das auch bei sehr kranken Menschen zutrifft, die wissen, dass ihnen mit einer Aufforderung geholfen werden soll.
Die Reaktionen waren übrigens mit denen in Alltagssituationen identisch."

Bianca wundert das nicht. „Ich merke, dass ich sofort zu mache, wenn mir jemand
sagt, dass ich etwas tun muss."

„Worauf reagierst du denn besser?" interessiert sich Tom.

„Das kommt auf die Situation an. Auf eine Bitte zum Beispiel. Oder wenn mich jemand
um meine Hilfe bittet."

„Und das klappt?"

Bianca nickt und Justus ergänzt: „Bei dem Versuch in unserer Abteilung haben Patienten darauf durchschnittlich innerhalb von 26 Sekunden reagiert. Also wesentlich
schneller als bei den 1:16 Minuten nach *Sie müssen ...*"

„Mitarbeiterinnen geht es dabei nur um die Formulierung? Sage ich eigentlich oft
müssen?" fragt Tom.

Sandra und Justus schauen sich kurz an und sagen beide „Ja".

„Vermutlich sage ich das dann auch oft bei meinen Mitarbeiterinnen. Das muss ich
ändern." Tom merkt, dass Sandra, Bianca und Justus ihn anschauen. Er zögert und
plötzlich lachen alle vier.

2.2 Überzeugen

„Als ich das Gefühl hatte, dass sie mich einfach nicht verstehen wollte, da ist mir echt der Kragen geplatzt. Vermutlich war das auch auf dem Flur zu hören. Denn als wir anschließend rausgekommen sind, haben alle betreten weggeschaut. "

Nachdenklich und etwas verlegen schaut Justus zu Boden. „Das kenne ich."

„Laut werden?" fragt Tom, einigermaßen erstaunt.

„Nein. Fremdschämen."

Nachdenklich fragt Tom „Wirst du denn nie laut?"

„Wenn bei uns zu Hause jemand laut geworden ist, sagten meine Eltern. *Werde nicht lauter. Verbessere deine Argumente.*"

„Um was ging es bei der Diskussion eigentlich?"

„Ganz Banales, eigentlich. Ich möchte, dass wir das neue Dienstzeitenmodell testen. Ich habe den Eindruck, dass wir damit letztendlich viel flexibler werden. Das wäre für alle allerdings eine Umstellung." erzählt Tom.

„Und was haben deine Mitarbeiter von dem neuen Dienstmodell?" will Justus wissen.

Tom sieht Justus etwas verblüfft an. „Wie meinst du das?"

Justus erklärt es ihm. „Im Pflegepraktikum habe ich wirklich was fürs Leben gelernt. Ich war damals auf der Geburtshilfe und kam in das Zimmer einer Mutter mit ihrem Neugeborenen. Sie war ganz vernarrt in ihr Baby. Andauernd schmuste und spielte sie an ihm rum. Ich erklärte ihr, dass ihr Baby schon ganz erschöpft sei und jetzt unbedingt Schlaf bräuchte. Sie nickte zwar, doch als ich eine Viertelstunde später wieder ins Zimmer kam, war sie immer noch zugange. Inzwischen war der Kleine, ich glaube es war ein Junge, schon richtig rot im Gesicht. Eindringlich erklärte ich ihr, dass für ihn schlafen jetzt wirklich wichtig sei. Sie sagte zwar, dass sie ihn jetzt hinlegen würde, doch als ich eine halbe Stunde später wieder ins Zimmer kam, reichte sie das arme Baby von Besucher zu Besucher. Ich hatte das Gefühl, dass ich jetzt nicht mehr den richtigen Ton treffen würde und ging völlig genervt zu Schwester Rosi. Die sagte kurzerhand: *Das klären wir eben.*

Ich habe damals felsenfest mit einem Donnerwetter gerechnet und ging mit heimlicher Vorfreude mit.

Sie ging in das Zimmer zu der Mutter und bestaunte dort das Baby. *Das ist ja ein süßer Schatz. Wenn Sie übrigens möchten, dass der Kleine zuhause durchschläft, dann gewöhnen Sie ihn am besten früh an regelmäßigen Schlaf.*

Die Mutter hat ihn dann umgehend für einige Stunden in das Bettchen gelegt, damit er ungestört schlafen konnte.

Damals habe ich erkannt, dass Menschen nicht immer *das Richtige* tun, sondern das, was gut für *sie* ist. Wenn ich mit Menschen argumentiere, dann stelle ich mir seitdem vor, sie trügen ein T-Shirt mit dem Aufdruck *Was habe ich davon?*"

„Und wenn sie keinen Vorteil davon haben?" entgegnet Tom und zieht dabei eine Augenbraue nach oben.

„Dann hilft nur anweisen. Anweisen und immer wieder kontrollieren. Wenn du aufhörst etwas zu kontrollieren, worin deine Mitarbeiterinnen keinen Vorteil erkennen, dann wird es irgendwann einschlafen. Was haben denn deine Mitarbeiterinnen davon, dass ihr das neue Dienstmodell einführt?" fragt Justus.

„Das neue Dienstmodell führt zu mehr Flexibilität. Es wird seltener zu unerwarteten Überstunden kommen, so dass die Freizeit besser planbar wird."

Justus erklärt Tom, dass der gerade die klassische Argumentationskette genutzt hat: Eigenschaft, Vorteil, Nutzen.

„Eigenschaft: Höhere Flexibilität. Vorteil: Weniger Überstunden. Nutzen: Die Freizeit wird besser planbar."

Tom zieht die Nase etwas kraus. „Um einen Nutzen darzustellen muss ich allerdings einiges über den anderen wissen. Ich habe das Gefühl, dass Freizeit für eine alleinstehende Kollegin gar nicht so wichtig ist."

„Stimmt. Dafür ist es notwendig, regelmäßig mit den Mitarbeitern zu sprechen. Und vor allem: gut zuhören. Was für Vorteile bietet der Dienstplan möglicherweise noch?"

„Ich glaube die Einarbeitung wird schneller gehen, da die Assistenten häufiger jemanden haben, den sie fragen oder mit dem sie dich besprechen können."

„Das sind die Eigenschaften. Was für Vorteile bieten sich deinen Mitarbeiterinnen dadurch?"

„Die neuen Kolleginnen werden schneller ausgebildet und die erfahrenen Kolleginnen bekommen schneller kompetente Unterstützung." erklärt Tom.

„Ok, was ist der Nutzen?"

„Das ist für alle entlastend. Das senkt den Stress und verbessert die Zusammenarbeit."

Justus lacht und nickt. „Wenn ich dir so zuhöre, dann denke ich mir, dass ich das Dienstmodell auch bei uns empfehlen will."

Zusammenfassung – Eigenschaft – Vorteil – Nutzen

Üben Sie möglichst oft den Dreischritt *Eigenschaft – Vorteil – Nutzen* (*Eigenschaft*). Dann werden Sie schnell routiniert darin (Ihr Vorteil) und können so häufiger und leichter Ihre Ideen umsetzen (Ihr Nutzen).

Eigen-schaft	Die Patienten sollen die Arzt-briefe gleich mitbekommen.	Vorteil	Wenn Sie die Briefe am gleichen Tag schreiben, können Sie präziser formulieren.	Nutzen	Dadurch bekommen Sie seltener Nach-fragen des MDK, die Ihre Arbeit unterbrechen.

2.3 Vorwand oder Einwand?

Justus macht die Musik leiser, sieht auf das Display und nimmt das Telefonat an. „Dr. Livingston, wie ich vermute." Er hört kurz zu und fährt dann fort. „Schön von dir zu hören. Was kann ich für dich tun?"

„Justus, die Jungs haben nächsten Monat eine Theateraufführung und würden sich freuen, wenn ihr auch kommt. Habt Ihr am 17. um 6 Uhr Zeit? Anschließend gibt's ein Abendessen, dass die Schüler selbst vorbereitet haben."

„Am 17.? Lass mal sehen – passt. Wir kommen sehr gerne. Hattest du schon Gelegenheit die Argumentation auszuprobieren? Ich frage deshalb, weil ich auch überlege, das neue Dienstmodell bei uns auszuprobieren."

„Du, ich habe ganz unterschiedliche Erfahrungen gemacht. Die meisten haben schnell zugestimmt. Doch eine Kandidatin habe ich, bei der ich auf Granit beiße. Ständig tauchten neue Gegenargumente auf. Kaum waren die ausgeräumt tauchten andere auf. Das ist mir hin und wieder auch bei anderen Themen passiert. Plötzlich laufe ich dann gegen eine nebulöse Gummiwand, die ich nicht zu fassen bekomme."

Justus kommt das bekannt vor. „Verstehe. Dann überprüfe doch zuerst mal, ob die Mitarbeiterin einen echten Einwand hat, oder ob ihr lediglich über einen Vorwand sprecht." schlägt er vor.

Tom überlegt ein Weilchen und gibt dann zu. „Das habe ich noch nicht verstanden."

„Ein Einwand ist der echte Grund, der gegen die Umsetzung spricht. Ist der Einwand beseitigt, dann spricht nichts mehr dagegen. Wenn ein Vorwand jedoch aus dem Weg geräumt ist, dann taucht an anderer Stelle ein neuer Grund auf, der dagegenspricht."

erklärt Justus, während er gedankenverloren kleine Flugzeuge auf den Notizblock malt.

„Und das funktioniert?"

„Tom, wie du weißt, war ich während des Studiums ein Jahr in Namibia. Als die Jungs acht Jahre alt waren, wollte ich mit meiner Familie dort Urlaub machen; Freunde treffen, eine Safari machen; so was halt. Alle waren ganz begeistert; bis auf Karl. Wir könnten ja fahren, sagte er. Er würde dann alleine zu Hause bleiben.

Ich fragte ihn dann, warum er nicht mitwolle. *Ich finde das nicht so interessant.* antwortete der kleine Kerl.

Nicht so interessant! Ich bin fast aus allen Wolken gefallen, doch er war nicht zu überzeugen. Ich habe dann angefangen, ihm von den Abenteuern zu erzählen, die ich dort erlebt habe – oder von denen ich gehört habe.

Als es dann Zeit wurde die Reise zu buchen sagte Karl wieder *Nicht so interessant.*

Bianca hat dann vermutet, dass ein paar Geschichten zu abenteuerlich für ihn waren. Also habe ich von den Tierbabys und von den Freizeitparks erzählt. Mit dem gleichen Ergebnis: Nicht so interessant.

Zum Glück war ich dann bei einem Verhandlungstraining, wo ich einen wirklich guten Tipp bekommen habe.

Abends zuhause frage ich Karl dann: Sag mal. Wenn du ganz sicher wärst, dass es wirklich interessant wird. Würdest du dann mitkommen?"

Tom unterbricht ihn. „Was sagte er darauf?"

„Nein. Schlicht und einfach: Nein. Da habe ich mir fast drei Jahre den Mund fusselig geredet und dabei ging es um ganz was anderes."

„Um was ging es ihm denn?"

„Karl sagte, er hätte Angst vor dem Fliegen. Er hätte Angst, das Flugzeug würde entführt."

„Meinst du, das war der echte Grund?"

„Das ließ sich leicht überprüfen. Ich frage, ob er mitkommen würde, wenn wir zum Beispiel mit dem Auto fahren. Ohne zu zögern, sagte er: *Dann komme ich gerne mit.*"

„Die Landreise dauert doch bestimmt Wochen."

„Monate. Doch ich wollte erst einmal feststellen, ob wir überhaupt über das richtige Thema sprechen."

„Ich verstehe. Der Trick ist also, testweise zu unterstellen, dass der Einwand ausgeräumt werden könne. Wenn derjenige zustimmt, dann war es ein echter Einwand. Taucht jedoch ein anderer Widerstand auf, war das Argument lediglich ein Vorwand."

Justus nickt. „Genau."

„Warum nennen die Menschen nicht gleich die echten Gründe?"

„Der Grund könnte einen peinlich oder unangenehm sein. Es können auch verdeckte, persönliche Interessen dahinterstehen. Ich habe von einem Chefarzt gehört, der so lange immer wieder neue Argumente gegen den Umbau gefunden hat, bis ihm jemand vorgeschlagen hat, dass er ein vom Eingang gut sichtbares Büro erhalten würde. Bis dahin wäre sein Büro vom Eingang kaum zu sehen gewesen. Dann ging es plötzlich sehr schnell."

Justus schüttelt den Kopf. „Ist nicht wahr, oder?"

Doch Justus schaut etwas verzweifelt und nickt. „Doch."

Es gibt bei jeder Handlung
1. das wirkliche Motiv das verschwiegen wird.
2. das präsentable eingeständliche Motiv.

Friedrich Wilhelm Nietzsche

Zusammenfassung – Vorwand oder Einwand?

Ist das Gegenargument der echte Grund (Einwand), oder ist es nur vorgeschoben (Vorwand)?
1. Fragen Sie, ob Ihr Gegenüber zustimmen würde, wenn der genannte Grund (hypothetisch) aus dem Weg geräumt werden könnte? Dann ist das Gegenargument ein echter Einwand – und damit Wert, dass Sie sich näher damit beschäftigen.
2. Wenn jedoch nach dem (hypothetischen) Ausräumen des Gegenarguments, ein weiteres auftaucht, dann war das Gegenargument lediglich ein Vorwand.
3. Dann sollten Sie überprüfen, ob das zweite Gegenargument der echte Einwand oder lediglich ein weiterer Vorwand ist.
4. Wiederholen Sie Punkt eins bis drei, bis Sie den wahren Einwand aufgedeckt haben.

2.4 Feedback

2.4.1 Feedback geben

Während die anderen Zuschauer langsam Richtung Ausgang gehen, kommen Justus und Bianca hinter den Vorhang der Schulbühne. Dort treffen sie Toms Söhne, wie sie aufgeregt mit den anderen ‚Die Räuber'-Darstellern diskutieren.

„Justus! Bianca! Toll, dass ihr gekommen seid." Die beiden stürmen auf die zu.

„Herzlichen Glückwunsch! Es war toll euch auf der Bühne zu sehen. Hat wirklich Spaß gemacht." Bianca überreicht jedem einen Blumenstrauß. Die beiden schauen die Blumen etwas erstaunt und verlegen an. „Das ist nach einer gelungenen Premiere üblich."

„Äh, danke. Wie hat es euch gefallen? Ganz ehrlich." Franz bemerkt, dass Bianca sich nach einem Platz umsieht, wo sie sich in Ruhe unterhalten können. „Wir können uns in den Zuschauerraum setzen. Da ist jetzt bestimmt keiner mehr." Kurz darauf finden Tom und Sandra sie dort. Die beiden nehmen ihre Söhne in den Arm, gratulieren ihnen und setzen sich dazu.

Bianca ist begeistert: „Erst einmal: Das Stück hat mir gut gefallen. Eine wichtige Botschaft, ohne Pathos vermittelt. Dann fand ich es auch toll, wie ihr eure Rollen gespielt habt. Offensichtlich habt ihr euch lange mit Charakteren beschäftigt."

Karl schaut zu Justus. „Und du? Ganz ehrlich!"

„Bianca hat es treffend beschrieben. Karl, ich habe aber zum Schluss zwei Mal nicht verstanden was du zu dem Mädchen gesagt hast. In der letzten Szene. Da hast du nach hinten gesprochen."

Karl ist enttäuscht und rechtfertigt sich. „Aber die Aria stand hinter mir! Ich habe auch extra lauter gesprochen."

Justus berührt ihn sanft am Oberarm. „Ich habe dich in dem Moment nicht verstanden." Franz nimmt seinen Bruder leicht in den Arm, der presst die Lippen zusammen, schaut Richtung Ausgang und wischt sich mit dem Handgelenk über die Augen.

Sandra nimmt ihren Sohn von der anderen Seite in den Arm und auch Tom versucht ihn zu trösten. „Karl, sei froh, dass Justus so offen war. Jetzt kannst es beim nächsten Mal besser machen." Karl schaut einen Augenblick auf seine Schuhe. Dann blickt er auf, atmet tief ein und nickt tapfer.

Als sie später in der Weinstube zusammensitzen, bedankt sich Tom bei Justus. „Ich habe die Stelle natürlich auch gemerkt, doch ich war mir nicht ganz sicher, wie ich es ihm sagen sollte, ohne ihn zu kränken. Gerade bin noch mal zu ihm, um ihn zu trösten. Doch die Gruppe hat schon gemeinsam überlegt, wie sie sich beim nächsten Mal besser hinstellen können. Scheint also alles in Ordnung zu sein."

Schnell kommen die beiden wieder auf die Arbeit zu sprechen, als Justus erzählt, dass heute ein Assistent ein total peinliches Aufklärungsgespräch geführt hat.

„Dem hast du hoffentlich den Kopf gewaschen, oder?" fragt Tom. Allerdings ist er sich da bei Justus inzwischen nicht mehr so sicher.

„Tom, wenn ich sage: *Herr Kollege, Sie waren auf das Gespräch mit der Patientin nicht gut vorbereitet und haben ihre Fragen nur ausweichend beantwortet.* Was passiert dann wohl?"

Was glauben Sie, wie der Assistent reagieren würde?

Tom denkt an vergleichbare Situationen zurück und schätzt dann, dass der Assistent sich rechtfertigen oder sogar widersprechen würde. Justus ist der gleichen Meinung. „Feedback bedeutet *Rückmeldung,* nicht *beurteilen.* Wir alle brauchen Feedback, nur so können wir lernen."

Wie könnten Justus dem Mitarbeiter eine sachliche Rückmeldung geben?

„Ich habe ihm die Situation aus meiner Sicht geschildert: *Am Anfang des Gesprächs haben Sie die Patientin zuerst mit einem falschen Namen angesprochen. Die Diagnose haben Sie ihr mit vielen Fachbegriffen aufgeklärt, ohne zu sagen, welche Auswirkungen sie auf ihr Leben haben wird. Mehrfachen Fragen nach den Nebenwirkungen der Medikamente haben Sie nicht beantwortet.*"

„Er war also schlecht vorbereitet." platzt Tom verärgert heraus, da ihn solche Unprofessionalität maßlos ärgert.

„Kann sein." stimmt Justus zu „Ich will in solchen Gesprächen allerdings fair sein. Daher vermeide ich es zu spekulieren. Vielleicht hat er sich vorbereitet und wurde durch irgendetwas abgelenkt."

„Also, auf mich wirkt das unprofessionell." insistiert Tom.

„Wenn du es so sagst, dann stimmt es auch. *Auf mich wirkte es, als ob sie nicht vorbereitet gewesen wären.* Bei Feedback betone ich, dass ich von meinem persönlichen Eindruck spreche. Dem kann der Mitarbeiter schließlich nicht widersprechen. Er kann schlecht sagen: *Nein, den Eindruck hatten Sie nicht.* Er könnte vielleicht sagen: *Ich war wohl vorbereitet.*"

„Dann könntest du einfach wiederholen, dass es nicht so gewirkt hat." überlegt Tom.

Justus nickt und gibt noch ein paar Beispiele, mit denen Vorgesetzte betonen können, dass sie ein Feedback aus ihrem persönlichen Blickwinkel geben. „Besser als: *Das war gut.* oder *Das war schlecht.* finde ich: *Das hat mir gefallen. Das hat mich irritiert* oder *gestört. Auf mich haben Sie so und so gewirkt* oder *Als Sie das und das gemacht haben, hat das das und das bei mir ausgelöst.*"

„Kann ich sagen: *Das hat mich geärgert und wütend gemacht.*" will Tom wissen.

„Klar, das beschreibt deinen Eindruck schließlich sehr genau."

Tom kehrt in Gedanken an das Gespräch mit dem Assistenten zurück. „Du hättest auch fragen können, wie sich der Mitarbeiter erklärt, dass er den Namen der Patientin verwechselt hat."

Justus schaut ihn verblüfft an. Mitarbeiter aufzufordern ihr Selbstbild zu überprüfen, das ist ihm noch nicht in den Sinn gekommen. Nach einer kurzen Pause sagt er langsam. „Ja. Das könnte ich sagen. Sehr gute Idee."

Tom denkt an seine Mitarbeiterinnen. „Was ist, wenn eine Mitarbeiterin kein Feedback von mir will?"

Nach einigem Überlegen schlägt Justus vor sie zu fragen, warum sie kein Feedback möchte. „Vielleicht passt ihr der Zeitpunkt nicht – oder ihr ist ihr Verhalten sehr peinlich. Dir als Führungskraft steht es zu, deinen Mitarbeiterinnen eine Rückmeldung zu geben. Es ist schließlich deine Aufgabe, ihnen zu helfen sich zu entwickeln, sich zu verbessern. Das ist ihnen auch klar. Daher kann es höchstens ein, dass der Zeitpunkt nicht passt."

„Mir fällt gerade kein Gegenbeispiel ein. Gibt es Situationen, zu denen ich kein Feedback geben sollte?"

Nach einiger Überlegung sind beide der Meinung, dass Feedback helfen soll. Es ergibt also nur Sinn, wenn der andere sein Verhalten ändern kann. „Eine Kollegin im Haus kann es nicht ertragen, mit vielen Menschen in einem Raum zu sein. Das ist eine regelrechte Phobie. Inzwischen haben es aber alle akzeptiert."

Zusammenfassung – Feedback

1. Geben Sie nur Feedback zu veränderbarem Verhalten.
2. Will Ihr Mitarbeiter jetzt Feedback, oder lieber später?
3. Schildern Sie Ihre Beobachtung möglichst genau. Nicht bewerten oder urteilen. Keine Vermutungen oder Interpretationen.
4. Wie war Ihr Eindruck bei der Beobachtung? Wie wirkte die Situation auf Sie?

Worauf möchten Sie jemandem gerne in taktvoller Form hinweisen?

i

Tom steht im Arztzimmer und hört, wie die Oberärztin zu der Assistentin Frau Elbling sagt: „Ihre Arztbriefe sind zu lang und zu kompliziert." Über den Monitor sehend meint Tom Widerspruch im Blick von Frau Elbling zu lesen. *Anscheinend ist sie nicht der Meinung, dass alle ihre Briefe zu lang und zu kompliziert sind.* Sie wirkt auf ihn, als wäre sie momentan in Gedanken. Gut möglich, dass sie gerade Gegenbeispiele sucht, statt sich über Vereinfachungen Gedanken zu machen.

Er entschließt sich, mit Frau Elbling zu sprechen.

Wie könnte er sie auf die Arztbriefe ansprechen?

i

Er geht zu den beiden und bittet um den Arztbrief, den er routiniert überfliegt. „Frau Elbling, ich würde gerne mit Ihnen über den Brief schauen. Passt es gerade?" Sie nickt verunsichert, hält aber dem Blick stand. „Zuerst einmal etwas Allgemeines: Ich finde, Arztbriefe sollten so kurz und schnörkellos, wie möglich sein. Ihr Brief ist vier Seiten lang. Ich habe die Erfahrung gemacht, dass Niedergelassene eine solche Detailtiefe nicht zu schätzen wissen. Die meisten lesen nur den letzten Absatz mit den Empfehlungen. Bitte konzentrieren Sie sich daher auf Zahlen, Daten und Fakten. Sie können sie gerne in Stichworten aufführen. *Die ausführliche Vorgeschichte dürfen wir freundlicherweise als bekannt voraussetzen. ... Nach hausüblicher Vorbereitung führten wir den oben genannten Eingriff am 17. d. M. in störungsfreier Allgemeinnarkose durch.* Die Formulierungen kommen mir sehr bekannt vor. Vermutlich haben Sie sie aus einem anderen Brief übernommen."

Frau Elbling nickt leicht und schaut dann verlegen nach unten.

Tom spricht weiter. „Aus meiner Sicht sind das Floskeln, die wenig aussagen. Bitte lassen Sie die weg. Die folgenden Absätze bauen nicht aufeinander auf. Am besten halten Sie sich an folgende Reihenfolge: Warum ist der Patient zu uns gekommen? Was haben wir gegen das Problem getan? Was ist das Resultat? Was empfehlen wir dem weiterbehandelnden Arzt? Das ist vermutlich das, was die Kollegen am meisten interessiert."

Frau Elbling nickt und macht sich einige Notizen. Zehn Minuten bringt sie Tom die überarbeitete Version, mit der Tom sehr zufrieden ist.

Später im Aufzug spricht ihn der Ärztliche Direktor unvermittelt an. „Dr. Major, Sie machen hier eine tolle Arbeit." „Äh, danke." antwortet Tom etwas unbeholfen und überlegt *,Was der wohl von mir will?'* Unkonkretes Lob macht ihn skeptisch, da er dahinter oft ein verstecktes Ziel vermutet. Anscheinend merkt der Ärztliche Direktor, dass Tom eher verunsichert als erfreut ist und wird konkret: „Wie Sie letztens mit der dem Fall des jungen Engländers umgegangen sind, hat mich echt beeindruckt. Aus wenigen Daten die richtigen Schlüsse gezogen. Hut ab. Das hat bei uns allen einen sehr guten Eindruck hinterlassen."

Während sie sich noch über den Fall unterhalten, wird Tom klar, dass die Regeln für Feedback auch für Lob gelten.

2.4.2 Feedback erhalten

Er denkt sich, dass wohl die meisten gerne ein ehrliches Lob hören. Doch hat ihn Lob einmal wirklich weitergebracht? Führte es bei ihm nicht eher zur Stagnation? Dann fällt ihn wieder sein letzter Chef Dr. Dr. Renault ein. Ein Mann mit Omnipotenz-Phantasien. Vermutlich, weil sich seit langer Zeit keiner mehr getraut hat, ihm zu widersprechen.

Tom ist sich inzwischen sicher: Besser wird nur, wer kritischen Rückmeldungen zumindest ernsthaft überdenkt.

‚Ob meine Mitarbeiterinnen mir glauben, wenn ich ihnen sage, dass ich an ihrem Feedback interessiert bin? Welche Erfahrungen haben sie bisher gemacht haben, wenn sie nicht seiner Meinung waren? Klar, Schwester Marie nimmt kein Blatt vor dem Mund. Nicht immer angenehm, aber auf jeden Fall ehrlich. Bei Frau Elbling bin ich mir nicht sicher. Vermutlich ist sie nicht der Typ, der Vorgesetzten offen widerspricht. Wer hat mich bisher auf Fehler hingewiesen oder mir ein kritisches Feedback gegeben? Frau La Panza, soweit er ihren letzten Chef einschätzen kann, fehlt momentan noch das Vertrauen.‘ Tom nimmt sich vor, besonders Frau La Panza zu einem kritischen Feedback zu ermuntern.

Wie könnte Tom das machen?

Tom notiert sich, wie er in Zukunft mit Feedback umgehen will.

> **Zusammenfassung – Feedback erhalten**
>
> - **Hören Sie aufmerksam zu** und fragen Sie, falls noch etwas unklar ist.
> - **Danken Sie für das Feedback.** Die Rückmeldung soll Ihnen helfen und Ihre Gegenüber geht mit dem Feedback vermutlich ein Risiko ein.
> - **Vermeiden Sie sich zu rechtfertigen, zu verteidigen, zu erklären.** Sonst könnte der Eindruck entstehen, dass Sie alles so lassen wollen.
> - **Denken Sie über das Feedback in Ruhe nach.**

Einem Angestellten, der an seinem Vorgesetzten nie etwas auszusetzen hat, solltest du immer misstrauen.

John Churton Collins

2.5 Kritikgespräche

2.5.1 Kritik formulieren

Mein Freund Little John. „Der Kellner fragt dich, ob alles in Ordnung war und du sagst nichts?"

Tom winkt ab. „Lass gut sein. Ich hatte keine Lust auf eine Diskussion."

Justus wiegt den Kopf etwas hin und her und zieht dabei die Augenbrauen hoch. „Wir haben immerhin fast eine Stunde gewartet. Ich hatte Hunger."

Tom wischt sich kurz durchs Gesicht. „Ich weiß. Mir liegt es einfach nicht, Menschen offen zu kritisieren."

Möchten Sie wissen, zu welcher Kritikstrategie Sie vermutlich neigen und was die Strategie für Auswirkungen haben könnte?

Im Anhang finden Sie einen entsprechenden Fragebogen inklusive Auswertung.

Justus kann Tom verstehen. „Es stimmt schon, Kritikgespräche sind oft unangenehm. Sie kosten Zeit – für die Vorbereitung und für das Gespräch. Außerdem weiß man vorher weder, wie der andere reagiert, noch ob das Gespräch die gewünschte Wirkung zeigt.

Ich finde es jedoch wichtig, dass Vorgesetzte ihre Mitarbeiter auch offen kritisieren können. Schließlich können die Mitarbeiter ihr Verhalten nur verändern, wenn sie wissen, dass was anderes erwartet wird. Ich hatte als Stationsarzt einen Chef, der nie reagiert hat, wenn sich Mitarbeiter nicht an Anweisungen hielten. Einige kamen beispielsweise regelmäßig zu spät. Es gab nie eine sichtbare Reaktion. Den hat irgendwann überhaupt keiner mehr ernst genommen. Besonders galt das übrigens auch für die anderen Mitarbeiter. Die, die nicht betroffen waren. Wir kannten ja die Situation und warteten die ganze Zeit, dass der Chef endlich mal reagiert."

„Und dann haben sie den Respekt vor dem Chef verloren." schätzt Tom.

„Ja, und sie haben auch angefangen, unzuverlässig zu werden."

Die beiden beschließen, noch kurz in Toms Büro zu gehen, um dort einen Regenschirm zu holen. Auf dem Weg durchs Krankenhaus hören sie schon von weitem ein Elternpaar am Empfang der Notaufnahme schimpfen. „Unser Sohn ist auch ein Notfall! Wir warten jetzt schon über eine Stunde und nichts tut sich hier." Im Hintergrund sehen die beiden den Jungen, wie er mit einem Tablet spielt und dabei Cola trinkt.

„Eine Zecke ist für uns kein Notfall." versucht die Mitarbeiterin die beiden zu beruhigen.

„Sie haben offensichtlich keine Schimmer. Jeder Blödmann weiß, wie gefährlich Zeckenbisse sind." keift der Vater zurück.

Tom, kennt die Mitarbeiterin und weiß, dass seine Unterstützung gerade nicht gebraucht wird. Daher betritt er mit Justus den Aufzug. Als sich die Türen geschlossen haben, sagt er: „Was glauben die beiden denn? Wenn sie die Mitarbeiterin nur laut genug anschreien und beschimpfen, dann wird die plötzlich sagen: *Ja, wenn Sie mir das so sagen, dann lasse ich sie natürlich gerne vor?*"

Justus schaut ihn an und erinnert ihn an Dr. Dr. Renault. „Rumschreien, schimpfen und beleidigen. Das war uns nicht fremd. Im OP hat er einmal eine Zange nach mir geworfen."

Tom schaut ihn entsetzt an. „Getroffen?"

„Yep."

„Was hast du gemacht?"

Tom zuckt mit dem Schultern. „Weiter. Haken halten, Fresse halten. Tom, ich habe damals über ein halbes Jahr Bewerbungen geschrieben. Ich war froh, dass ich eine Stelle hatte."

Tom kann sich nicht vorstellen, dass so etwas heute noch funktionieren würde. Die Aufzugtür geht auf und die beiden betreten Toms Station. „Ich auch nicht. Die Zeiten sind allerdings auch anders. Heute können sich die Bewerber ihren Chef aussuchen."

„Flippst du eigentlich nie aus?" will Tom wissen.

„Tom, Kritik hat zwei mögliche Ziele. Entweder du willst deinem Ärger Luft machen oder du willst die Situation verbessern. Entweder – oder."

Tom erzählt Justus, dass er nach dem Dampf ablassen oft noch aufgeregter sei als vorher.

„Geht mir auch so." bestätigt Justus. „Bei Bianca habe ich manchmal das Gefühl, dass es ihr anschließend besser geht. Ich frage sie bei Gelegenheit mal."

Tom startete in der Zwischenzeit den PC und Justus fragt ihn, warum Tom noch mal in den Dienstplan schaut. „Ich will sehen, ob Frau Elbling heute in der Notaufnahme ist.

Sie ist gewissenhaft, nimmt sich aber oft zu viel Zeit. In der Notaufnahme braucht sie zwei bis drei Mal länger als die anderen. Die pflegerische Leitung war schon zwei Mal bei mir, weil sich viele Patienten beschweren, wenn die Kollegin Dienst hat."

„Hast du mit ihr gesprochen, also mit Frau Elbling?" will Justus wissen.

„Ich habe ihr gesagt, dass es schon wieder Beschwerden aus der Notaufnahme über lange Wartezeiten gab, weil sie ständig zu lange braucht. Ich habe ihr erklärt, ich könnte sie dort nicht mehr einsetzen, wenn sich das nicht ändert. So leid es mir täte. Sie soll bitte unbedingt die Untersuchungszeit beschleunigen, das könnten andere auch."

Justus setzt sich. „Das hast du gesagt?"

Tom schaut ihn etwas betroffen an. „Ja, wieso?"

„Ich finde das weder wertschätzend noch hilfreich. Verallgemeinerungen führen oft zu Widerstand, weil viele Betroffenen intuitiv Ausnahmen suchen. Anscheinend bietest du ihr auch keine Hilfe an, wie sie schneller werden kann. Und drohen? Ich meine, das passt gar nicht zu dir. Das ist Führen mit Angst. Hast du das vor anderen mit ihr gesprochen?"

„Nein, natürlich unter vier Augen."

„Gut. Ich kann mir allerdings vorstellen, dass sie Kollegin trotzdem gekränkt und verunsichert ist. Sie weiß vermutlich nicht, wie sie schneller werden kann, ohne die Ergebnisse zu verschlechtern. Sonst hätte sie es ja schon gemacht. Hat sie dich gefragt?"

„Was hätte ich denn sagen sollen?" überlegt Tom halblaut. Dann versucht er:

„Frau Elbling, ich finde es sehr beeindruckend, wie gewissenhaft Sie bei den Untersuchungen in der Notaufnahme sind und wie Sie auf die Patienten eingehen. Natürlich ist mir klar, dass das seine Zeit braucht. Es kommt hin und wieder vor, dass es einigen nicht schnell genug geht. Versuchen Sie daher bitte, etwas auf die Zeit achten. Wenn Sie Unterstützung oder Tipps dazu brauchen, kommen Sie einfach auf mich zu. Wäre das besser gewesen?" fragt er Justus.

Was halten Sie von Toms zweitem Versuch?

_____

„In diesem Fall würde sich die Kollegin sicherlich freuen, dass du ihre Gewissenhaftigkeit schätzt. Möglicherweise überhört sie, wie wichtig es dir ist, dass sie schneller wird. Wenn du sie dann in einigen Wochen nicht mehr in der Notaufnahme einsetzt, vermeintlich ohne Vorwarnung, wird sie vermutlich aus allen Wolken fallen. Kritik soll wertschätzend und respektvoll sein, und gleichzeitig klar und deutlich.

Wie könnte Tom seine wertschätzend, respektvoll und zugleich klar und deutlich ausdrücken?

i

_____

Tom versucht es mit: „*Frau Elbling. Ich, die Kollegen und die Patienten, schätzen Ihre Gewissenhaftigkeit. Sie brauchen in den meisten Fällen zwei bis drei Mal länger, als ihre Kollegen. Das kann ich nicht akzeptieren. Sie haben mitbekommen, dass es dazu schon mehrfach Beschwerden gab. Sollte sich das in den nächsten zwei Monaten nicht deutlich verbessern, kann ich Sie leider nicht mehr in der Notaufnahme einsetzen. Ich vermute, dass Sie das nicht wollen. Wie kann ich Sie unterstützen, dass Sie die Patienten ähnlich schnell untersuchen, wie Ihre Kollegen?*"

„Perfekt." sagt Justus, und steht schwungvoll auf. „Andiamo."

„Augenblick noch.", bremst ihn Tom. „Das geht mir jetzt zu schnell. Manchmal will ich die Mitarbeiterin gar nicht *unterstützen*. Was ist denn dann?" Da Justus in fragend ansieht, macht Tom weiter. „Nehmen wir an, eine Mitarbeiterin kommt regelmäßig zu spät. Dann will ich nicht fragen, wie ich sie beim pünktlichen Erscheinen unterstützen kann. Ich erwarte einfach, dass sie pünktlich kommt."

„Ok, gleicher Einstieg. Beschreibe, was passiert ist. Sage, was dein Problem mit dem Verhalten ist und sage, was sich ändern soll. In solchen Fällen solltest du dir eine Zusicherung geben lassen, dass sie sich in Zukunft anders verhalten wird."

Tom fängt an: „Frau Kollegin, in letzter Zeit kommen sie immer zu spät."

„Stopp." unterbricht Justus. „Wie gesagt, keine Verallgemeinerungen. Wann ist sie in letzter Zeit zu spät gekommen, wie lange? Nur wenn du präzise bist, nimmt sie dich als fairen Chef war. Du kannst ein, zwei Beispiele geben. Vier sind erfahrungsgemäß zu viel, weil du dann kleinlich wirkst."

Tom widerspricht. „Was ist denn, wenn sie häufiger zu spät gekommen ist?"

„Dann hast du es zu lange zugelassen. Spätestens beim dritten Mal ist es Zeit zu reagieren."

Toms versucht es noch einmal: „Frau Kollegin, Sie sind Montag, Mittwoch und heute fünf bis zehn Minuten zu spät gekommen. Für mich ist pünktliches Erscheinen ein Ausdruck von Professionalität und Respekt vor den anderen. Es wäre schön, wenn Sie in Zukunft etwas pünktlicher erscheinen würden."

Justus unterbricht Tom erneut.

Was könnte ihn stören?

i

_____

„Es wäre *schön*? Tom, hier geht es nicht um Ästhetik. Wenn du pünktliches Erscheinen erwartest und dann von *es wäre schön* sprichst, dann wirkst du ironisch. Ironie ist respektlos. Entsprechend werden Mitarbeiter reagieren. Du erwartest Pünktlichkeit? Dann sag das auch. Das ist fair und respektvoll."

Tom überlegt. *„Ich erwarte, dass Sie in Zukunft pünktlich kommen.* Klingt das nicht ein wenig hart?"

„Ich finde, es ist vor allem sehr klar. Wenn du es sehr weich und freundlich formulierst, bekommst du Sympathie. Wenn du es klar und offen sagst, dann bekommst du Respekt. Lass dir zum Schluss zusichern, dass die Mitarbeiterin ihr Verhalten ändern wird. *Kann ich davon ausgehen, dass Sie in Zukunft pünktlich kommen?* Darauf muss sie reagieren."

Eine Frage hat Tom noch. „Was mache ich denn, wenn eine Mitarbeiterin ganz offen sagt, dass sie meine Anweisung nicht umsetzen will?"

Wie können Vorgesetzte dann reagieren?

_____

„Dann bringst du es auf den Punkt. Du fragst ganz ruhig und offiziell: *Verstehe ich das richtig? Sie weigern sich meine Anweisung umzusetzen?* Spätestens jetzt wird klar: Das ist hier keine Diskussion. Es geht um Arbeitsrecht und Dienstpflichten. Die Antwort ist meist: *So habe ich das nicht gemeint. Ich wollte nur zu bedenken geben...* Falls sich aber eine Mitarbeiterin tatsächlich weigern sollte, dann bitte sie in dein Büro, schreib ein kleines Protokoll und lass es dir unterschreiben. Ob sie es unterschreibt oder nicht: Dein nächster Schritt ist auf jeden Fall, die Personalabteilung zu informieren.

Zusammenfassung – Kritikgespräch

Formuliere Kritik immer
- wertschätzend.
- respektvoll.
- klar.
- deutlich.

Gesprächsaufbau
1. Zeigen Sie, dass Sie Ihr Gegenüber schätzen oder zumindest respektieren.
2. Beschreiben Sie GENAU, was passiert ist. Vermeiden Sie Verallgemeinerungen (nie, immer, selten, oft, ständig, oft, manchmal, andauernd…)
3. Sagen Sie PRÄZISE, was Sie wünschen, möchten, wollen, erwarten oder verlangen.
4. Fragen Sie dann,
   a) welche Unterstützung der Mitarbeiter von Ihnen benötigt, oder
   b) ob Sie davon ausgehen können, dass er sein Verhalten ändern wird.

Falls ein Mitarbeiter eine Anweisung offen verweigert, dann bringen Sie die Situation auf den Punkt.: *Verstehe ich das richtig? Sie weigern sich meine Anweisung umzusetzen?*

Justus findet eine Zeitschrift mit einem Brief auf seinem Schreibtisch.

Dear Mr. Holmes,

unser Gespräch über „Dem Ärger Luft machen" hat mich noch ein ganzes Weilchen beschäftigt.

In dem Ärztemagazin, dass ich dir mitgeschickt habe, findest du auf der Seite 8 einen Artikel, den ich dazu geschrieben habe. Ich schätze, du wirst dich an das eine oder andere erinnern.

Sincerely yours,

Dr. Watson

Justus schlägt lachend Seite 8 auf.

Wenn Chefs ihrem Ärger Luft machen
von Tom Major

Letztens sagte mir ein Chefarzt, wenn er sich über etwas geärgert hätte, dann müsse er sich „einfach mal Luft machen". Als ich in fragte, was er damit genau meine, sagte er. *Da wackeln dann auch mal die Wände.* Über diese Aussage habe ich ein Weilchen nachgedacht und möchte hier gerne meine Gedanken dazu darstellen.

Seinem Ärger Luft machen. Das steht für ein authentisches Verhalten. Es steht für die spontane Reaktion, den Fehler, den Schuldigen und vor allem, die eigene Reaktion unreflektiert Raum zu bieten.

Seinem Ärger Luft machen. Da ist kaum Platz für Lösungen oder nachdenken, ob der „dem Ärger Luft-machende-machende" selbst einen Anteil an dem Fehler haben könnte.

Als leitender Arzt können wir uns natürlich für eine „authentische" Reaktion entscheiden, solange ...

Dem Ärger Luft machen, solange wir wissen, dass wir die Situation damit kaum verbessern werden. Schließlich geben wir durch unser Verhalten dem anderen ausreichend Grund sich nicht mit dem Inhalt zu beschäftigen. Wer mit gutem Gewissen die Form ablehnen kann, wird sich kaum mit dem Inhalt beschäftigen.

Dem Ärger Luft machen, solange wir nicht über die magische Grenze gehen. Die magische Grenze ist der Punkt, an dem wir Vorgesetzte plötzlich, ohne es zu merken, lächerlich werden. Wenn unsere Mitarbeiter das Gefühl bekommen, dass wir uns nicht mehr unter Kontrolle haben. Wenn es plötzlich egal ist, ob Unbeteiligte zuhören oder Türen geknallt werden. Wenn wir Vorgesetzte uns so verhalten, wie man es allerhöchstens Menschen mit dem eigenen Nachnamen zugestehen würde.

Dem Ärger Luft machen, solange wir in Kritikgesprächen nur von uns sprechen. Bleiben wir bei Kritikgesprächen bei uns und unseren Gefühlen. „Ich bin richtig sauer. Denn ich brauche die Präsentation morgen früh unbedingt. Daher werde ich heute Abend nicht dazu kommen mit einer Familie auszugehen, worauf wir uns alle sehr gefreut haben. Ich möchte darüber jetzt auch nicht weiter diskutieren." So eine Aussage lässt es nicht an Deutlichkeit fehlen. Gleichzeitig ist sie wieder verletzend noch bedrohlich.

Dem Ärger Luft machen, solange wir nicht gegen unsere eigenen Werte verstoßen.

Was sind diese Werte? Wenn wir zurückblicken, dann werden wir alle vermutlich auf ein paar Werte stoßen, die uns immer schon wichtig waren. Für die wir eingestanden sind und für die meisten von uns vermutlich schon Nachteile in Kauf nehmen mussten. Werte, die sich wie ein roter Faden durch unser Leben ziehen.

Ich schlage vor, dass wir uns diese Werte klarmachen; es dauert meist nur ein, zwei Minuten. Spätestens dann können wir ganz klar unsere zentralen Werte zu benennen. Bei manchem ist es der Wunsch, zu helfen. Andere versuchen heute etwas besser sein, als gestern. Erst wenn wir Führungskräfte unserer Werte klar benennen können, werden wir feststellen, warum sich einige unserer Gespräche anschließend „richtig" anfühlten und warum wir nach anderen eher unzufrieden waren. Dem Ärger Luft machen heißt auch, sich beim nächsten Mal zu fragen: „Bin ich meinen Werten treu geblieben?"

Dem Ärger Luft machen, solange wir daran denken, dass wir alle Fehler machen. Auch Sie.

Bekämpfen wir das Problem, nicht den Menschen.

2.5.2 Die Kritik-Kaskade, oder: Wenn Ihre Mitarbeiter partout nicht machen, was Sie wollen

Tom wirft genervt den Brief zurück auf die Arbeitsplatte in seiner Küche.

„Was ist los, John Connor, hast du schlechte Nachrichten bekommen?" vermutet Justus.

„Nein. Äh, ja. Ich habe vergessen das Strafmandat zu bezahlen. Der Preis hat sich gerade verdreifacht. Ich bin aber wegen was anderem genervt."

„Nämlich?" fragt Justus und untersucht interessiert eines von Toms Wüsthoff-Messern, die über der Arbeitsplatte an einer Magnetleiste hängen.

„Ich habe inzwischen ein Dutzend Mal mit der Oberärztin wegen der Sonographie beim Venenkatheter gesprochen."

Justus zieht Luft durch die Zähne. „Was sagt sie, wenn du sie darauf ansprichst?"

„Dass sie es mit über zwanzig Jahren Erfahrung im Gefühl hat. Sie brauche daher keine Bildgebung. Es sei auch besser es ohne zu können, falls mal ein Gerät ausfällt. Ich komme da einfach nicht weiter bei ihr."

„Dann wiederhole freundlich und bestimmt, was du von ihr erwartest." schlägt Justus vor.

„Habe ich. Anschließend macht sie es ein paar Mal und dann schläft es wieder ein. Heute habe ich eine Assistentin erwischt, wie sie es ohne Sono machen wollte. Die Oberärztin würde das schließlich auch so machen."

Aus dem Augenwinkel bemerkt Tom, wie Justus zurückzuckt, als der sich mit dem Kochmesser versehentlich ein Stückchen Haut abschneidet. Er schaut schmunzelnd auf Justus' Fingerspitze: „Denkt man auf dem ersten Blick gar nicht, was?"

Justus hängt das Messer vorsichtig zurück und fragt: „Wie oft hast du inzwischen mit ihr gesprochen?"

„Ach, ich weiß es nicht genau. Fünf, sechs Mal bestimmt. Können auch acht sein. Ich habe nicht übel Lust, ihr eine Abmahnung zu schicken."

„Gibt's Aufzeichnungen?" will Justus wissen.

Tom schaut auf. „Der Gespräche? Nein. Brauche ich welche?"

„Wenn du eine Abmahnung schreiben willst, ja. Du musst nachweisen, dass es schon mehrere Gespräche und Ermahnungen gegeben hat. Du kennst das doch: Was nicht dokumentiert ist, ist nicht passiert.

Aber eins nach dem anderen. Ich finde, du brauchst für deine Kritikgespräche eine Kaskade, an die du dich immer hältst. Das gibt dir und deinen Mitarbeiterinnen Sicherheit. So weißt du immer, was du beim ersten Mal machst, was beim zweiten und so weiter. Gibt's in deinem Team noch ein anderes Thema, dass dich schon länger nervt?"

Tom braucht nicht lange überlegen: „Unpünktliche Besprechungen. Das ist seit Ewigkeiten ein Thema bei uns."

„In Ordnung. Nehmen wir an, dass du deinem Team gesagt hast: *Ich erwarte, dass in Zukunft alle rechtzeitig erscheinen.* Nehmen wir weiter an, die Kollegin Trollinger kommt beim nächsten Mal wieder zu spät. *Sorry, ich bin etwas zu spät. Eine Angehörige hat mich noch aufgehalten.*"

Wie könnte Tom darauf reagieren?

Tom schmunzelt kurz, da der Namen ihn an *trollen* erinnert und denkt sich dann in die Situation: „Frau Trollinger, sie sind zu spät ist. Ich erwarte von allen pünktliches Erscheinen. Bitte seien Sie in Zukunft pünktlich."

„Also kurz und freundlich." fasst Justus zusammen. „Cora publicum?" will er noch wissen.

„In diesem Fall ja. In anderen Fällen könnte ich sie bitten, gleich noch einen Augenblick zu warten." Justus nickt kurz und Tom fragt ihn: „Aber was mache ich, wenn sie beim nächsten Mal wieder zu spät kommt?"

„Sag ihr, dass sie sich wieder nicht an deine Anweisung gehalten hat und dass du das nicht akzeptieren wirst. Bitte sie, nach der Besprechung noch zu bleiben und erkläre ihr dann genau, warum dir Pünktlichkeit wichtig ist.

Sollte sie in nächster Zeit noch einmal zu spät kommen, bestellst du sie förmlich in dein Büro. Ganz offiziell mit einem Termin, den sie beispielsweise mit deiner Sekretärin ausmacht. Gerade in einer sehr kollegialen Arbeitsatmosphäre kann hilfreich sein, ihr die Hierarchie noch einmal zu aufzuzeigen. Sag ihr noch einmal kurz und deutlich deine Erwartungen. Dann zeigst du ihr auf, wie es weitergehen wird, wenn sie sich nicht an die Anweisung hält. Mach dir unbedingt während des Gesprächs Notizen. Du kannst ihr, je nach Thema, nachher auch ein Protokoll schicken."

Tom hat sich sein Notizbuch geholt und schreibt mit. Dann fragt er: „Wie würde es denn weitergehen?"

„Es würde zu einer schriftlichen Ermahnung kommen. Die lässt du dir unterschreiben. Die Mitarbeiterin bekommt eine Kopie. Du kannst ihr zum Beispiel sagen, dass du vermeiden möchtest, dass die Ermahnung in die Personalakte kommt. Schlag vor, dass du die Ermahnung bei dir einschließt und dass du sie in ihrer Anwesenheit vernichtest, wenn deine Mitarbeiterin in den nächsten Monaten pünktlich ist. Sollte sie aber in der Zeit wieder zu spät kommen, dann schreibst du eine weitere Ermahnung und leitest beide unverzüglich an die Personalabteilung weiter. Dort wird dann entschieden, wie es weitergeht. Ob es in diesem Fall noch eine weitere Ermahnung braucht, oder es bereits für eine Abmahnung reicht."

Zusammenfassung – Kritik-Kaskade

1. Sprechen Sie denjenigen möglichst in der Situation an: Erinnern Sie kurz und freundlich an die Anweisung.
2. Sprechen Sie denjenigen möglichst bald an: Verdeutlichen Sie den Grund für die Anweisung noch einmal ausführlich und weisen Sie denjenigen an, sich an die Anweisung zu halten. Fragen Sie abschließend: „Kann ich mich darauf verlassen, dass Sie …?"
3. Der Betroffene soll einen offiziellen Termin in Ihrem Büro vereinbaren. Wiederholen Sie dort die Erwartungen kurz und zeigen Sie auf, was die Konsequenz wäre, wenn sich der Mitarbeiter erneut nicht an die Anweisung hält. Protokollieren Sie das Gespräch. Lassen Sie das Protokoll gegebenenfalls unterschreiben oder mailen Sie eine Zusammenfassung. (In einigen Betrieben ist es nicht zulässig, dass Vorgesetzte eigene Notizen über Mitarbeiter bei ihren Unterlagen haben.)
4. Kurzer Termin in Ihrem Büro. Übergeben Sie die schriftliche Ermahnung, die Sie sich möglichst quittieren lassen. Ihr Exemplar bleibt vorerst bei Ihnen. Sie vernichten es, in Anwesenheit des Betreffenden, wenn derjenige sich bis zu einem vereinbarten Zeitpunkt an die Anweisung hält.
5. Kurzer Termin in Ihrem Büro. Übergeben Sie die zweite Ermahnung und lassen Sie sich möglichst quittieren. Leiten Sie beide Ermahnungen an die Personalabteilung. Besprechen Sie mit der Personalabteilung weitere Schritte.

3 Die Kündigung

Justus legt den Bogen und die restlichen Pfeile resigniert in den Ständer und beobachtet die anderen Bogenschützen von der Parkbank aus.

Tom schaut ihn etwas besorgt an. „Legolas, was ist los?"

Justus stützt sein Kinn auf den Handballen. „Ach, ich habe morgen mein erstes Kündigungsgespräch. Da gruselt es mir etwas vor."

„Justus, du hast wirklich oft genug mit ihm gesprochen. Ihr habt ihm schriftlich gegeben, dass ihr sein Verhalten nicht duldet, et cetera. Das kommt doch jetzt nicht unerwartet." versucht Tom ihn zu trösten.

„Ja, trotzdem. Doch gekündigt zu werden ist eine extreme Kränkung. Und wenn das Gespräch schlecht läuft können ehemalige Mitarbeiter dem Haus durchaus schaden. Intern, wie extern."

Tom sieht den Punkt. „Du bist ein fairer Chef und hast dich gut auf das Gespräch vorbereitet. Da wird das kaum vorkommen. Wie seid ihr denn bisher vorgegangen?" will er wissen.

„Unsere Personalabteilung ist sehr vorsichtig und hat sich zuerst beim Juristen abgesichert. Das ist bei verhaltens- oder leistungsbedingten Kündigungen wohl besonders wichtig. Es wäre für mich als Chefarzt, aber auch für das Haus, extrem unangenehm, wenn eine Kündigung aus juristischen Gründen wieder aufgehoben werden müsste. Nachdem die Entscheidung gestern gefallen ist, werde ich den Mitarbeiter Nachmittag den Mitarbeiter informieren."

Tom ist verwundert. „Warum so eine Eile?" Intuitiv hätte er den Mitarbeiter so spät wie möglich informiert, in der Hoffnung, die folgenden Störungen so kurz wie möglich zu halten.

Justus erklärt es ihm. „Bei einer Kündigung sind viele involviert: Personalabteilung, Betriebsrat, Sekretariate und so weiter. Erfahrungsgemäß sickert da schnell was durch.

Falls der Betreffende dann vorher durch eine andere Quelle von der geplanten Kündigung erfährt, nicht auszudenken. Das könnte schnell eskalieren. Wir wollen es ihm unbedingt vor Freitag sagen. Dann kann er noch vor dem Wochenende den Betriebsrat oder einen Rechtsanwalt ansprechen."

Tom ist überrascht, wie mitarbeiterorientiert das Verfahren ist. Er fragt Justus, warum er dann nicht morgens mit dem Mitarbeiter sprechen würde.

„Der Kollege hat viel Patientenkontakt." erklärt ihm Justus. „Nach einem Gespräch am Vormittag wäre er gezwungen bei Patientengesprächen noch gute Miene zu machen."

DOI 10.1515/9783110495553-006

Tom nickt. „Wie wirst du dann vorgehen? Ich meine, während des Gesprächs?"

Welche Punkte finden Sie bei einem Kündigungsgespräch wichtig?

„Ich will das Gespräch in meinem Büro führen, wo wir ungestört sind. Die anderen Chefärzte haben mir gesagt, dass solche Kündigungen meist um die 15 Minuten dauern.

Ich habe mir vorgenommen sofort zu Sache zu kommen; sofort sagen, dass ich ihm jetzt kündige und dass sich ab jetzt unsere Wege trennen. Vermutlich sagte ich, dass ich es schade finde, doch das für mich der einzig verbleibende Weg bleibt.

Wie ich den Mitarbeiter einschätze, wird der sehr emotional reagieren. Dann werde ich zeigen, dass ich seine Reaktion verstehe, mich aber auf keinerlei Diskussionen einlassen. Wir haben inzwischen genug diskutiert und verhandelt.

Mal sehen: Wenn er sich beruhigt, dann sprechen wir über die Rahmenbedingungen, wie wir die Kündigung intern kommunizieren, über das Zeugnis, Resturlaub, Pensionsansprüche etc. Die sachlichen Themen würden die aufgeladene Atmosphäre vermutlich entspannen. Falls nicht, machen wir halt einen neuen Termin aus.

Ich will das Gespräch aber auf jeden Fall so führen, dass wir uns in Zukunft möglichst entspannt begegnen können. Wer weiß, ob wir nicht noch mal miteinander arbeiten müssen.

Anschließend wird er vermutlich einigen Kollegen davon erzählen wollen. Ich gehe anschließend zu den anderen, die gerade Dienst haben." Justus macht dabei ein Gesicht, als hätte er gerade in eine Zitrone gebissen.

Wie sollte Justus die Kollegen über die Kündigung informieren?

„Ich werde dem Mitarbeiter vorschlagen, dass wir uns auf eine Formulierung einigen, mit der beide Seiten leben können. So oder so, ich werde auf keinen Fall auf Details eingehen oder meine Haltung zum Kollegen irgendwie thematisieren.

Ich gebe zu: Ein bisschen mulmig ist mir vor allem vor dem Abschied am letzten Tag. Vermutlich werde ich für die Unterstützung in den letzten Jahren danken und alles Gute wünschen."

Zusammenfassung – Kündigung

Legen Sie sofort nach der Entscheidung zur Kündigung fest, wer wann informiert wird.
Informieren Sie den Betroffenen möglichst bald über die Kündigung.
Meist empfiehlt sich der Nachmittag, um anschließende Störungen oder Ablenkungen zu vermeiden.
Vermeiden Sie möglichst den Freitag, um dem Betroffenen die Möglichkeit zu lassen, unmittelbar
den Betriebsrat oder einen Rechtsanwalt zu kontaktieren.

Vorbereitung
- Sorgen Sie dafür, dass Sie das Gespräch ungestört in Ihrem Büro führen können.
- Rechnen Sie damit, dass es um die 15 Minuten dauert.
- Planen Sie, das Gespräch so zu führen, dass Sie sich in Zukunft möglichst entspannt begegnen
  können.

Direkt zum Punkt
- Kommen Sie ohne Umschweife zur Sache.
- Sprechen Sie die Worte *Kündigung* und *Trennung* ausdrücklich aus.

Verständnis für Emotionen zeigen
- Rechnen Sie damit, dass der Betreffende sehr emotional reagieren könnte. Zeigen Sie dann
  dafür Verständnis; lassen Sie sich jedoch auf keinerlei Diskussionen ein.
- Halten Sie Gesprächspausen aus. Pausen können dem anderen helfen, die belastende Situation zu verarbeiten.

Details besprechen
- Wenn der Mitarbeiter es wünscht – und ruhiger ist, sprechen Sie über die Rahmenbedingun-
  gen. Wie werden Sie die Kündigung intern kommunizieren? Was steht im Zeugnis? Wie verfah-
  ren Sie mit dem Resturlaub, Überstunden, ...
  Was ist mit Pensionsansprüchen et cetera.
- Falls der Mitarbeiter dazu jetzt noch nicht bereit ist, machen Sie einen neuen Termin aus.
- Wer wird es wann den Kollegen erzählen?

4 Bewerbungsgespräche

„Luke, mach die Tür auf. Ich bin's, dein..." Der Türsummer unterbricht Justus, der etwas enttäuscht ist, seine geplante Begrüßung nicht vollenden zu können. Im Hausflur bekommt er gerade noch mit, wie eine junge Frau sich von seinem Freund verabschiedet. „Vielen Dank Doktor Major. Ich melde mich dann bei Ihnen." Vor der Haustür dreht sie sich nochmal zu Justus um und winkt auch ihm kurz zum Abschied zu.

Justus schaut ihr kurz hinterher und fragt Tom, wer das war. Der erklärt ihm, dass das die Tochter des Nachbarn sei. „Die, von der ich dir erzählt habe. Sie möchte sich bei mir bewerben."

„Bei dir zuhause?" fragt Justus, etwas erstaunt. Er weiß, dass sich eine junge Frau aus der Nachbarschaft bei Tom vorstellen wollte, doch er hat sich eine etwas förmlichere Situation vorgestellt.

„Sie hat gestern angerufen, weil sie überraschend ans Meer fahren möchte. Sie fragte, ob ich auch am Sonntag Zeit hätte."

Justus ist sich noch nicht sicher, was er davon halten soll. Tom erzählt ihm von ihren ausgezeichneten Zeugnissen und dem patenten Eindruck. „Ist aber auch sehr selbstbewusst." bemerkt er zum Schluss.

Tom und Justus, die selbst sehr gute Zeugnisse hatten, erzählen sich einige Anekdoten über die Ansprüche und Einstellungen der Generation Y. Letztendlich sind sie sich aber einig: Wenn der Arbeitsmarkt zu ihrer Ausbildungszeit ähnlich gewesen wäre, hätten sie sich auch vieles nicht gefallen lassen.

„Am Ende des Tages ist es auch gleich, was wir von der Generation Y halten." summiert Justus. „Da es keine andere gibt, sollten wir unseren Frieden mit ihr machen."

Justus geht zum Auto und holt seine Gesprächsvorlage für Bewerbungsgespräche, die sich Tom unbedingt ansehen möchte. Zuerst schauen Sie auf die Gesprächsphasen und wozu sie dienen.

4.1 Phasen des Bewerbungsgesprächs

1. Die Begrüßung (5 Minuten)
Kommt der Bewerber pünktlich, zu früh?
Wie gestaltet sich der erste Kontakt?

DOI 10.1515/9783110495553-007

Das Aufwärmen
Hier steht die Auflockerung der Atmosphäre im Vordergrund. Fragen Sie nach der Anfahrt oder machen Sie eine Bemerkung über das Wetter. So erkennen die Kommunikations- und Kontaktfreude des Bewerbers.

Wie sind die Umgangsformen?
Wirkt der Bewerber selbstsicher?

2. Der Werdegang (5–10 Minuten)
Ein Leben in 10 Minuten – Was für ein Mensch ist der Bewerber?
Wie schildert er seinen Lebenslauf? Schlüssig, ausführlich ...
Welche Stationen im Lebenslauf erscheinen ihm wichtig?
Was hält er für besondere Leistungen in Beruf und Ausbildung?

3. Motivation und Gründe für die Bewerbung (5 Minuten)
Wie engagiert ist der Bewerber?
Was sind sein Interesse und Motivation an der Stelle?
Was sind seine persönlichen Neigungen – was fasziniert ihn?

4. Die Person und ihr soziales Umfeld (10 Minuten)
Wie ist der Bewerber menschlich?
Mit was für einen Menschen haben Sie es zu tun?
Wie schildert er sein Verhältnis zu Konflikten, Autoritäten oder Teamarbeit?

5. Die berufliche Eignung (10–15 Minuten)
Wie kompetent ist der Bewerber?
Wie sind seine Fachkenntnisse
Wie ist die aktuelle berufliche Situation?

6. Informationen zum Tätigkeitsgebiet und zum Unternehmen (5–10 Minuten)
Schildern Sie das künftige Aufgabenfeld.
Beschreiben Sie die Aufgaben und Schnittstellen.
Stellt der Bewerber hier die richtigen Fragen?

7. Ende des Gesprächs und Verabschiedung
Wie geht es weiter?
Wie lange nehmen sich beide Seiten, bis sie sich entscheiden?
Wann darf sich der Bewerber erkundigen, ob es bereits eine Entscheidung gibt?

Tom nickt und will die Vorlage zur Seite legen. Doch Justus weist ihn auf die Beispielfragen auf der Rückseite hin, die er noch mit ihm besprechen möchte.

4.1.1 Vorlage Fragen im Bewerbungsgespräch

1 Wie geht es Ihnen heute Morgen?

Tom findet die Frage etwas banal, Justus ist anderer Meinung. „Immer wieder wird die Macht des ersten Eindrucks betont. Was, wenn die Bewerberin so eine einfache Möglichkeit ins Gespräch zu kommen, nicht nutzen kann? Wie wird sie dann bei Patienten und Kollegen ankommen?"

---

2 Erzählen Sie uns etwas über Ihren Werdegang

„Du kennst den schriftlichen Lebenslauf, oder hast ihn zumindest vor dir. Daher kannst du dich ganz darauf konzentrieren, wie die Bewerberin sich darstellt. Schildert sie ihren Werdegang interessant und logisch? Kann sie ihn sinnvoll strukturieren und wesentliche Elemente herausstellen?"

2 Erzählen Sie mir etwas von sich, das nicht in Ihrem Lebenslauf steht und mir hilft, mich später an Sie zu erinnern.

Tom findet das recht aggressiv und provokant. Justus wendet ein, dass es genau darum geht. „Du willst wissen, wie geht die Bewerberin mit Verunsicherungen umgeht."

2 Womit beschäftigen Sie sich in Ihrer Freizeit?

„Hier erfährst du, wie beständig ihre Interessen sind. Hobbys weisen übrigens oft auf das soziale Milieu hin."

2 Warum haben Sie sich gerade für diesen Beruf/diese Fachrichtung entschieden?

---

3 Was wissen Sie über unsere Abteilung/unser Krankenhaus?

„Ist die Bewerberin gut vorbereitet? Oder hält sie solche Informationen für eine Bringschuld des Arbeitgebers?"

3 Wie stellen Sie sich Ihre Tätigkeit bei uns vor?

„Hier erfährst du, ob es große Differenzen zwischen ihren und deinen Erwartungen gibt."

3 Wo liegen für Sie die Prioritäten bei der Arbeit?

3 Warum haben Sie sich gerade bei uns beworben?

„Überlege dir hier, ob dich die Antwort überzeugt. Denn die Frage dahinter ist: Kann sich die Bewerberin mit der Stelle identifizieren?"

3 Was kann können wir Ihnen hier bieten, dass Ihre bisherige Stelle nicht kann?

„Mit dieser Frage klärst du gleich dreierlei.

Erstens: Hat die Bewerberin ihre Hausaufgaben gemacht und kennt sie die Stelle?

Zweitens: Welche Gefühle hegt sie gegenüber ihrem bisherigen Chef und den bisherigen Arbeitsinhalten?

Drittens: Welche Ziele hat sie und wie realistisch sind diese – verglichen mit der ausgeschriebenen Stelle?"

---

4 Wie würden Sie sich charakterisieren? Worin sehen Sie Ihre Stärken und Schwächen?

„Achte darauf, ob die Bewerberin hier unglaubwürdig wirkt. Gesteht sie Schwächen ein? Lass dir auf jeden Fall konkrete Beispiele für die Stärken und Schwächen geben. Ich überlege mir an dieser Stelle immer: Hat sie aus der Kenntnis ihrer Schwächen Lehren gezogen?"

4 In welcher Ihrer Eigenschaften fühlen Sie sich von anderen Menschen missverstanden?

„Diese Frage zielt auf eine Schwäche, die sie jedoch ganz anders sieht. Vermutlich wird sie deshalb bereitwilliger, vielleicht sogar ehrlicher darüber erzählen."

4 Warum soll ich gerade Sie einstellen?

4 Wenn Sie Ihre perfekte Stelle selbst gestalten könnten – wie sähe sie aus?

„Tom, du wirst sehen: Die Frage löst zuerst ein Lächeln aus – dann Schweißperlen. Hier siehst du, wie reflektiert die Bewerberin mit ihrem Beruf umgeht, ob sie ihre Karriere gestaltet ist oder sich treiben lässt."

4 Womit könnten Kollegen oder Vorgesetzte Sie verärgern?

„Damit erinnerst du die Bewerberin an kritische Situationen in ihrem bisherigen Arbeitsleben. Lass dir ein Beispiel geben. Frag, was an dem Verhalten des anderen kritisch war."

4 Wie formulieren Sie Kritik?

„Frag, was sie macht, wenn sie versprochene Unterlagen nicht rechtzeitig von dem Kollegen bekommt? Wenn ihr Vorgesetzter sie mehrfach eine abgesprochene Aufgabe nicht selbstständig erledigen lässt? Was, wenn ein Kollege Medikamente oder Material mit nach Hause nimmt?"

4 Was können Sie uns über Ihre letzte Stelle erzählen?

„Du erfährst hier einiges über ihre Erfahrungen und Fachkenntnisse. Vor allem aber, wie loyal oder verschwiegen die Bewerberin ist."

4 Was mochten Sie an Ihrer bisherigen Stelle am wenigsten?

„Wie geht sie mit negativen Situationen und Frustrationen um?"

4 Arbeiten Sie lieber alleine oder im Team?

„Teamfähigkeit wird inzwischen überall erwartet. Die Frage ist hier also: Passt ihre Antwort zu deiner Einschätzung?"

4 Woher wissen Sie, dass Sie eine gute Arbeit gemacht haben?
„Ist die Bewerberin eher intrinsisch oder extrinsisch motiviert? Intrinsische Menschen neigen dazu, sich nur an eigenen Maßstäben zu messen. Extrinsische orientieren sich an den Beurteilungen von Vorgesetzten, Kollegen, Patienten." **4 Wie würden Ihre bisherigen Kollegen Sie beschreiben?**

4 Wie würde ihr letzter Chef Sie beschreiben?

4 Was hat er an Ihnen geschätzt?

4 Was nicht?
„Mit den Fragen erfährst du, wie gut sich die Bewerberin in andere hineinversetzen kann und ob sie ein offenes Ohr für Feedback hat."

4 Erzählen Sie mir etwas über den besten Chef, den Sie je hatten.
„Damit erfährst du, was sie von dir erwartet. Was für eine Arbeitnehmerin ist sie? Ist sie selbstständig, wieviel Freiraum beansprucht sie, wieviel Verantwortung übernimmt sie?"

4 Was schätzen Sie bei Vorgesetzten gar nicht?

4 Wo sehen sie die größten Probleme Ihres letzten Arbeitgebers?
„Eine eingeschobene Frage zu Loyalität und Verschwiegenheit."

4 Was werden Ihre Kollegen hier von Ihnen lernen?
„Auch hier geht es in Wirklichkeit um Teamfähigkeit?"

4 Mit welchen Menschen arbeiten Sie ungerne zusammen?

4 Was schuldet ein Krankenhaus seinen Mitarbeitern?
Tom hält das für eine sehr ungewöhnliche Frage.

Justus nickt. „Stimmt. Denn sie zwingt zum Um- und Querdenken. Rechne damit, dass die Antwort ein wenig Zeit braucht."

4 Wo sehen Sie sich in fünf Jahren?

4 Was ist Ihre größte Sorge – diese Stelle betreffend?
„Wie gut ist die Bewerberin vorbereitet? Mit welchen Herausforderungen rechnet sie und wie will sie damit umzugehen?"

4 Wenn Sie uns vielleicht einmal verlassen: Was soll man Ihnen nachsagen?
„Ich sag dir, Tom, damit rechnen die wenigsten. Sie haben die Stelle ja noch nicht einmal angetreten. Wenn du Bewerber aus dem Konzept bringst, bekommst du spontanere und meist ehrlichere Antworten."
Justus schätzt, dass die folgenden Fragen für sich selbst sprechen.

---

5 Wie gut kennen Sie die neuesten Entwicklungen in unserem Fach?

5 Welche fachlichen Kompetenzen zeichnen Sie aus?

5 Kennen Sie diese Technik / dieses Verfahren etc.?

5 Was würden Sie im Falle von XY vorschlagen?

5 Was spricht fachlich aus Ihrer Sicht für Sie, was gegen Sie?

5 Was haben Sie in letzter Zeit an Veröffentlichungen gelesen? Warum?

„Die fachlichen Fragen sind klar, denke ich. Der Abschluss ist mir besonders wichtig. Dann stelle ich immer zwei Fragen." endet Justus.

---

7 Wie haben Sie das Gespräch empfunden?

7 Was glauben Sie: Wie war das Gespräch für mich?

Tom mag vor allem die letzte Frage, da sie ihm zeigt, wie empathisch die Bewerberin ist.

Tom kommt die Bewerberin wieder in den Sinn und er wünscht sich, dass sie schon früher über Bewerbungen gesprochen hätten. „Justus, wie stelle ich es an, wenn ich jemanden unbedingt einstellen möchte?"

Justus schmunzelt und erklärt ihm, dass das gar nicht so schwer sei.

Tom nimmt sich sein Notizbuch und schreibt Justus Vorschläge mit.

4.1.2 Fragen an die Wunschkandidaten

- Darf ich fragen, wo Sie sich noch beworben haben? Die indirekte Frage wirkt weniger bedrängend.
- Warum haben Sie sich dort beworben?
- Waren Sie schon da – und wie hat es Ihnen dort gefallen?
- Nach welchen Kriterien werden Sie sich entscheiden?
- Womit könnte ich Sie überzeugen, hier anzufangen?

„So erfährst du eine Menge über ihre Entscheidungskriterien, damit du noch das eine oder andere Argument für deine Stelle in die Waagschale werfen kannst."

Tom überlegt, ob er die Bewerberin vor ihrem Urlaub noch einmal ansprechen soll.

Sie erhalten die Gesprächsvorlage unter info@kompetenz-im-krankenhaus.de auch als Word-Dokument.

5 Effektive Besprechungen

„Mein Freund Wilson, du bist zu spät."

„Wilson? Justus, das ist jetzt nicht dein Ernst. Wilson ist der Volleyball aus Cast Away."

Justus schaut zur Seite, doch seine Schultern zucken vor unterdrücktem Lachen. „Yep. Der beste Freund von Chuck. Auch Wilson ist auf dem Weg verloren gegangen."

Tom gibt nach und entschuldigt sich fürs Zuspätkommen. „Die Besprechung dauerte mal wieder länger als erwartet. Ab nächster Woche ist für Mitarbeiter das Parken in unserem Parkhaus nicht mehr kostenlos. Das gab eine ewig lange Diskussion."

„Was habt Ihr diskutiert?" fragt Justus etwas ungläubig.

„Vor dem Krankenhaus ist seit einem Jahr eine Anwohnerparkzone. Deswegen haben wir ein Parkhaus gebaut. Vor einer Woche hat die Geschäftsführung bekannt gegeben, dass auch die Mitarbeiter in Zukunft fürs Parken zahlen sollen."

„Das habt ihr diskutiert?" Justus ist erstaunt.

„Einige empfinden es als ungerecht." erklärt Tom, durchaus mit Verständnis.

„Ich meine: das habt ihr in eurem Team diskutiert?" hakt Justus nach.

Tom nickt. „Wieso?"

„Weil die Diskussion doch keinen Sinn ergibt. Eine Diskussion macht nur Sinn, wenn man den Punkt verändern kann, oder?"

Tom zögert und nickt dann verhalten.

Justus erklärt, was er damit meint. „Tom, beruflich gibt es nur drei Gesprächsziele: Informieren, beraten und entscheiden. Für alle Beteiligten ist es wichtig, dass das Gesprächsziele immer klar ist. Was war dein Gesprächsziel bei dem Parkhaus-Thema?"

Das ist Tom klar: „Ich wollte informieren, dass alle Mitarbeiter einen Anspruch auf einen Parkplatz haben und was der kosten wird."

„Genau. Du informierst über die Entscheidung der Geschäftsführung. Du diskutierst sie nicht, denn weder du noch die anderen Anwesenden können die Entscheidung rückgängig machen.

Deine Aufgabe als Chefarzt ist es, Entscheidungen zu vermitteln. Du informierst deine Mitarbeiter und fragst, ob sie dazu Verständnisfragen haben. Vielleicht wollen sie wissen, ab wann das gilt, wie das geregelt wird und so weiter."

DOI 10.1515/9783110495553-008

Tom denkt an die Besprechung gerade zurück. „Wie würdest du denn reagieren, wenn jemand sagt, dass es total bescheuert sei, Mitarbeiter für Parkplätze bezahlen zu lassen, wenn sie nirgendwo anders parken können?"

„Das ist keine Verständnisfrage. Daher würde ich den Kommentar vermutlich überhören. Ich würde aber auf keinen Fall argumentieren. Sobald du argumentierst, gehen die anderen davon aus, dass du die Entscheidung revidierst, wenn es ein besseres Argument gibt. Die restliche Diskussion geht es dann nur noch um die Suche nach dem Argument, das dich überzeugt."

„Ich kann doch meinen Mitarbeiterinnen nicht verbieten, ein Thema zu diskutieren." wendet Tom ein.

„Tom, natürlich können deine Mitarbeiterinnen alle Themen gerne diskutieren. In ihren Pausen oder in der Freizeit. In der Arbeitszeit ist es aber wichtig, nur über Dinge zu diskutieren, die ihr verändern könnt."

Tom denkt an Justus Aufzählung von eben. „Was meinst du mit *Beraten*?" will er wissen.

„Beraten heißt: Du kannst deine Mitarbeiterinnen vor Entscheidungen um den Rat bitten. Du kannst dir Ihre Meinung einholen, ob und welche Aufteilung der Räume aus ihrer Sicht geändert werden sollte. Es sollte aber klar sein, dass du letztendlich die Entscheidung treffen wirst.

Entscheiden bedeutet, dass deine Mitarbeiterinnen eine Entscheidung treffen, die du anschließend umsetzt. Wir haben bei den Führungsstilen schon mal darüber gesprochen. Als die Assistenten den Urlaubsplan gemacht haben und der Vorgesetzte hat ihn dann nur noch freigegeben. Oder deine Mitarbeiterinnen entscheiden, wer wann zu Seminar geht.

Meine Erfahrung ist: Wenn Vorgesetzte nicht ganz deutlich machen, ob sie über einen Punkt informieren, ob sich von ihnen beraten oder ob sie die Mitarbeiter entscheiden lassen möchten, dann wollen Mitarbeiter entscheiden."

Tom denkt kurz an die letzten Besprechungen und erkennt: „Bei uns sind sich oft plötzlich alle einig: *Die Geschäftsführung sollte besser ...* Oder: *Die Politik sollte ...* Mir war zwar immer klar, dass das gerade Stammtischdiskussionen waren, doch ich konnte es nicht so recht benennen. Es war mir aber immer klar, dass das gerade zu nichts führt."

Dann zögert er. „Was mache ich denn, wenn ich selbst nicht hinter der Entscheidung stehe?"

Justus setzt sich aufrecht hin und streckt den Rücken durch. „Diskutiere es mit deinem Chef, hinter geschlossener Tür, nie mit deinen Mitarbeiterinnen. Unternehmen können nur funktionieren, wenn die Führungskräfte die getroffenen Entscheidungen umsetzen. Dafür müssen sie nach außen zeigen, dass sie loyal hinter den Unternehmensentscheidungen stehen. Schon mit einer leisen Andeutung, dass sie selbst skeptisch sind, können sie ein Projekt im Keim ersticken. *Wir sollen das ab jetzt umsetzen. Ich bin mal gespannt.* Da wissen alle, dass kaum Sanktionen zu erwarten sind, wenn die Anweisung nicht umsetzt werden."

Tom schluckt und schaut betroffen auf seine Schuhspitzen, als er sich an die Diskussion erinnert. „Aber ..." beginnt er.

Justus unterbricht ihn. „Tom, wenn du dich mal ganz, ganz weit aus dem Fenster lehnen willst, und das sollte die absolute Ausnahme sein, dann sagst du: *Ich werde das nicht kommentieren.* Jeder versteht, dass du damit nicht glücklich bist und dass du die Entscheidung trotzdem mittragen wirst. Das ist letztendlich genau das, was du von deinen Mitarbeitern erwartest."

5.1 Mit der Leitfrage schneller zum Ziel

Justus fährt fort: „Einen Tipp habe vor einigen Jahren erhalten, mit dem ich seitdem einen großen Teil unserer Besprechungszeit einspare. Zu jedem Besprechungspunkt überlege ich, welche Frage ich hier beantworten möchte."

Tom dreht die Kappe seines Füllfederhalters ab und schaut interessiert auf. „Ich bin ganz Ohr."

Was Justus erklärt ihm, was er damit meint: „Im Krankenhaus wollen wir mit jedem Gespräch eine Frage beantworten. Das machen wir uns immer wieder klar."

Tom ist noch etwas skeptisch: „Um welche Frage geht es denn bei der täglichen Stationsvisite?"

Welche Fragen sollen bei Ihrer Stationsvisite beantwortet werden?

Dann versucht Tom sich selbst an der Antwort: „Was gab es in den letzten 24 Stunden?"

Justus hält die Frage für zu allgemein. „Wenn du so fragst, bekommst du bestimmt viele Informationen, die du nicht brauchst. Beispielsweise, ob der Patient gut geschlafen hat."

Tom bessert nach: „Was gab es in den letzten 24 Stunden, das Einfluss auf die Behandlung haben könnte?"

Justus nickt leicht. „Viel besser. Gute Fragen sind immer präzise und daher auch ausführlich. Ich nehme übrigens nur selten die erste Frage, die mir in den Sinn kommt. Meist brauche ich ein paar Versuche, bis ich auf eine gute Frage komme."

Zusammenfassung – Effektive Besprechungen

Vorbereitung
Was ist das Gesprächsziel bei den einzelnen Themen?
Welche Frage soll bei den jeweiligen Themen beantworten werden?

Informieren
Informieren Sie über das Thema. Geben Sie dann Gelegenheit für Fragen. Erklären die Entscheidung, doch diskutieren Sie sie nicht. (Nicht auf das Gegenargument Ihrer Mitarbeitenden eingehen. Sagen Sie beispielsweise, dass Sie das Gegenargument bedacht und sich dennoch für Ihre Lösung entschieden haben.)

Beraten
Bitten Sie Ihre Mitarbeitenden um Vorschläge. Machen Sie deutlich, dass Sie anschließend die Entscheidung treffen werden.

Entscheiden
Lassen Sie Ihre Mitarbeitenden entscheiden. Sie können durchaus vorher Rahmenbedingungen der Entscheidung festlegen. Sie können auch festlegen, wie die Mitarbeitenden zu einer Entscheidung kommen sollen. Sollen oder dürfen sie abstimmen? Wenn ja, welches Mehrheitsverhältnis akzeptieren sie?

Es war alles gesagt. Nur noch nicht von jedem.

Carl Valentin

6 Teamkonflikte lösen

„Das ist Schwachsinn." Die Stimme wird lauter. „Ich kann mich nicht alles zugleich machen. Sie können ja auch mal ein bisschen mitdenken." Eine andere Stimme unterbricht ungehalten: „Denken Sie eigentlich, ich hätte das nicht gesehen?" Justus und Tom stehen in Justus Vorzimmer, wo sie unfreiwillig einer ungehaltenen Diskussion auf dem Flur zuhören.

Justus bittet Tom kurz zu warten und betritt den Flur. Ruhig und bestimmt tritt er zwischen seine beiden streitenden Mitarbeiter: „Stopp. Nicht hier und nicht in diesem Ton." Dann bittet er die beiden gleich in sein Büro zu kommen.

Tom, dem die Situation etwas peinlich ist, schlägt vor „Wir können ja auch ein anderes Mal..."

Justus winkt ab. „Du, ich bin gleich wieder da. Kannst du bitte so lange bei Frau Ortega warten?"

Wie versprochen holt er Tom wenige Minuten später mit gepackter Sporttasche ab.

Als die beiden im Auto sitzen kommt Tom noch einmal auf das Gespräch zurück. „Das ging ja fix. Darf ich fragen, um was es ging?"

„Es ging um nicht eingehaltene Absprachen. Ich will mich da gar nicht einmischen. Doch ein paar Dinge gehen gar nicht."

Bevor Tom zustimmt, fragt er lieber, was Justus damit meint.

„Generell bin ich der Meinung, dass hier alle in der Lage sind, ihre Konflikte miteinander selbst zu klären. Wenn es um fachliche Themen geht, oder wenn ein Konflikt auf Augenhöhe ausgetragen wird, mische ich mich nicht ein.

Wenn es zu persönlichen Angriffen kommt, ist das was anderes. Oder wenn der Stationsablauf gestört wird, oder wenn ich das Gefühl habe, dass die Beteiligten zu keiner Lösung kommen. Dann mische ich mich ein."

Tom findet das einleuchtend. Doch wie hat Justus es geschafft, dass das Gespräch so kurz verlief?

Der erklärt es ihm. „Das liegt vermutlich an mehreren Punkten:
1. Ich habe schnell und entschlossen eingegriffen. Damit habe ich deutlich gemacht, dass ich nicht zu Diskussionen bereit bin. Entscheidend ist, dabei selbst ruhig zu bleiben.
2. Ich habe das Gespräch bewusst vom Flur an einen anderen Ort verlegt und dadurch ich Situation geändert. Dass die beiden in diesem Fall in mein Büro kamen, wird auch seinen Anteil gehabt haben.

DOI 10.1515/9783110495553-009

3. Inhaltlich habe ich mich nicht eingemischt. Allerdings habe ich sehr deutlich gemacht, dass von meinen Mitarbeitern erwarte, dass sie Dispute respektvoll und unter vier Augen austragen.

„Wollten sie dich denn nicht von Ihrer Position überzeugen?" fragt Tom.

„Schon. Doch da habe ich sie gebeten, das in Ruhe miteinander zu besprechen. Wenn sie bis morgen keine Lösung gefunden haben, dann können sie zu mir kommen und wir besprechen das zu dritt.

Sollten sie morgen kommen, dann werde ich auf jeden Fall die Diskussion *Wer hat Schuld?* vermeiden. Dann sprechen wir nur über: Wie lösen wir die Situation?"

Tom leuchtet das ein. Doch was würde Justus machen, wenn das Verhalten von einem der beiden nicht in Ordnung war? Justus erklärt ihm, dass er dann später noch einmal ein Vieraugengespräch führen würde.

Tom denkt dann eine Oberärztin einer anderen Station, mit der er und seine Mitarbeiterinnen häufig zu tun haben. „Mit ihrer schnippischen und übergriffigen Art, eckt sie immer wieder an. Wenn man sie später darauf anspricht, rechtfertigt sie sich: *Das ist nur meine Reaktion auf das falsche Verhalten der anderen.*"

Zusammenfassung – Teamkonflikte lösen

Mischen Sie sich nicht ein:
- bei Konflikten, welche die Mitarbeitenden selbst lösen können,
- bei fachlichen Themen,
- wenn Konflikte auf Augenhöhe ausgetragen werden.

Mischen Sie sich ein, wenn:
- es zu persönlichen Angriffen kommt,
- der Ablauf oder die Patientenversorgung gestört wird,
- ein Konflikt schwelt, weil die Beteiligten zu keiner Lösung kommen.

Zusammenfassung – Einmischen

1. Unterbrechen Sie die Streithähne schnell, entschlossen und ruhig. Beispielsweise mit „Stopp".
2. Verlegen Sie das Gespräch an einen anderen Ort. Ihr Büro bietet sich an.
3. Vermeiden Sie inhaltliche Einmischung, um die Beteiligten zu befähigen, Konflikte eigenständig zu klären.
4. <u>Bestehen Sie auf einen respektvollen Umgang.</u>
   a) Keine persönlichen Angriffe.
   b) Dispute werden weder öffentlich noch laut ausgetragen.
5. Fordern Sie die Beteiligten auf, bis zu einem festen Termin eine eigene Lösung zu finden. Falls ihnen das nicht gelingt, können sie sich an Sie wenden.
   Vermeiden Sie die Diskussion: *Wer hat Schuld?* oder *Wie konnte es dazu kommen?* da solche Fragen zu Rechtfertigungen führen. Fragen Sie stattdessen: *Wie lösen wir/Sie die Situation?* oder *Wie sorgen wir/Sie dafür, dass so eine Situation nicht mehr auftreten kann?*
6. Wenn Sie einen Hauptverantwortlichen identifiziert haben: Führen Sie ein Vieraugengespräch.

6.1 Das Vieraugengespräch

Justus hat eine Idee, wie Tom sie das nächste Mal ansprechen kann. „Sprich anschließend mit ihr, alleine. Wenn sie ihren Anteil am Konflikt wieder bestreitet, nennst du zwei, drei weitere Beispiele, in denen sie mit ihrer Art angeeckt ist."

Tom befürchtet, dass das Gespräch dann wieder eskaliert. Justus hingegen ist von dieser Aussicht nahezu begeistert. „Das wäre perfekt. Damit könntest du ihr genau das kritische Verhalten vor Augen führen. Selbst im ruhigen und sachlichen Gespräch mit dir, gelingt es ihr gerade nicht, sich professionell zu verhalten.

Tom, verhalte dich während des Gesprächs unbedingt so, wie du es in den kritisierten Situationen von ihr erwartet hättest. Zeig ihr, wie sie reagieren soll, wenn sich ihr Gegenüber unangemessen verhält. Dann kritisierst du nicht nur, sondern du zeigst ihr zugleich, wie es richtig geht."

Tom nimmt sich vor, diese Strategie beim nächsten Mal anzuwenden. Doch ihm machen all die Konflikte Sorgen, die er nicht mitbekommt.

Justus ist da entspannter. „Die meisten Konflikte lösen die Mitarbeiter selbst. Die schwereren Fälle haben ein Nachbeben, dass du anschließend ziemlich wahrscheinlich registrierst." Justus bemerkt Toms noch etwas unsicheren Blick. Daher nutzen die beiden die restliche Fahrt, um Anzeichen für Konflikte im Team zu sammeln.

– Beziehen Sie sich auf den konkreten Vorfall.
– Bereiten Sie sich vor, auf Bedarf zwei, drei weitere Beispiele des unangemessenen Verhaltens nennen zu können.

- Sollte auch dieses Gespräch eskalieren, dann sprechen Sie über das aktuelle Verhalten Ihres Gegenübers.
- Demonstrieren Sie durch Ihre Gesprächsführung, welche Reaktion Sie von Ihrem Gegenüber erwartet hätten. (Lernen am Beispiel.)

6.2 Anzeichen für Konflikte im Team

Die Stimmung im Team wird schlechter.

- Sarkasmus und Ironie nehmen zu.
- Gereiztheit, Aggressivität.
- feindselige Gestik, Mimik, Körperhaltung.
- Es kommt zu Rücksichtslosigkeit gegenüber Kollegen.

Die Kommunikation und der Informationsfluss leiden.

- Es wird nicht mehr offen miteinander geredet.
- Informationen werden zurückgehalten.
- Einzelne ziehen sich zurück oder zeigen Desinteresse.
- Mitarbeiter sind mit den Gedanken nicht bei der Sache.

Dadurch häufen sich Fehler, die den Stationsalltag oder Patienten gefährden.

Die Mitarbeiter sichern sich ab, durch:
- förmliches Verhalten, Überkonformität.
- pedantisch eingehaltene Vorschriften.

So kommt es zu unnötigen Diskussionen.

Als sie vor dem Fitnessstudio angekommen sind, fragt Tom: „Kann Krankheit nicht auch ein Anzeichen für eine schlechte Stimmung sein?"

Justus stimmt ihm zu. „Klar, Krankheit kann am Stress auf der Arbeit liegen. Als Einzelfall ist es allerdings ein schwacher Indikator. Aktuell haben wir bei uns eine Station, wo der Krankheitsstand schon lange deutlich erhöht ist. Spätestens wenn sich überdurchschnittlich viele Mitarbeiter krankmelden, sollten sich Vorgesetzte Gedanken über die Ursachen machen."

Tom ist neugierig. „Was sagt denn die Führungskraft dazu?"

„Für ihn liegt es ganz klar nur an externen Faktoren. Momentan ist viel zu tun. Die jungen Mitarbeiter sind inzwischen nicht mehr so belastbar wie früher. Die älteren Mitarbeiter sind nicht mehr so belastbar. Mitarbeiter und Beobachter sind jedoch der Meinung, es liege am Vorgesetzten. Das weist der aber weit von sich."

Die beiden kommen in die Umkleide, wo sie nach freien Spinden Ausschau halten.

Tom packt das Sportzeug aus der Tasche und schaut dabei in Richtung des beschlagenen Spiegels. Plötzlich kommt ihm der blinde Fleck in den Sinn. „Wie bekomme ich raus, ob es an mir liegt?" fragt er, während er sich auszieht.

Justus bestärkt Tom, dass der zuerst bei sich schaut. „Kann es sein, dass sich die Mitarbeiterin ungerecht behandelt fühlt? Hast du in letzter Zeit was verändert? Hattet ihr Streit?"

Tom hat eine spezielle Situation vor Augen. „Wir hatten kein Streit. Die Mitarbeiterin fehlt in letzter Zeit ungewöhnlich oft. Ich habe das Gefühl es sind die Tage mit unangenehmen Diensten. Ich weiß nicht, wie ich das ansprechen soll. Darf ich das offen sagen?"

„Das ist ein sensibles Thema. Nicht, dass sie denkt, du hältst sie für eine Drückebergerin. Dann würde sie sicher sofort zumachen. Beschreib die Situation möglichst nüchtern und genau. *Frau Kollegin, mir ist aufgefallen, dass Sie in sechs Wochen drei mal drei Tage krank waren.*"

Tom stellt seine Tasche in den Spind, schließt ab und dreht sich zu Justus. „Ich könnte auch sagen, dass ich mir Sorgen mache. *Ich mache mir Gedanken, ob es vielleicht an der Arbeit oder sogar an mir liegt. Wie geht es Ihnen denn momentan auf der Station?* Danach könnte ich sie fragen, wie sie in letzter Zeit unsere Zusammenarbeit erlebt."

Justus tritt einen halben Schritt zurück und sieht Tom von unten bis oben an. Dann hält er ihm die Tür zum Sportstudio auf. „Mein Freund Angelo Dundee, bist "du bereit mir eine Lektion zu erteilen?"

Zusammenfassung – Anzeichen für Konflikte im Team

- Sarkasmus und Ironie nehmen zu.
- Es kommt zu Gereiztheit und Aggressivität.
- Feindselige Gestik, Mimik, Körperhaltung.
- Rücksichtslosigkeit gegenüber Kollegen steigt an.
- Es wird nicht mehr offen miteinander geredet.
- Informationen werden zurückgehalten.
- Einzelne ziehen sich zurück oder zeigen Desinteresse.
- Mitarbeiter sind mit den Gedanken nicht bei der Sache.
- Förmliches Verhalten, Überkonformität.
- Pedantisch eingehaltene Vorschriften.
- Ungewöhnlich hoher Krankheitsstand oder körperliche Symptome.

Selbstreflektion des Vorgesetzten
Überlegen Sie, ob Ihr Verhalten möglicherweise ein Beitrag oder sogar Auslöser für die Situation haben könnte.

7 Jährliche Mitarbeitergespräche

Justus schaut Tom zu, als der seinen nassen Regenschirm ausschüttelt und den Flur betritt. „Chewie, mein Freund. Leg die Armbrust ab, du bist hier unter Freunden." Justus deutet auf die große Vase, in der Tom den Schirm abstellen kann. In der Küche liest Justus erfreut das Etikett der Weinflasche, die Tom zum Abendessen mitgebracht hat.

Als die beiden später den Tisch decken, erwähnt Justus: „Ich habe gehört, ihr führt nun jährliche Mitarbeiter-Gespräche ein?"

Tom gießt ihnen den mitgebrachten Wein ein und setzt sich mit einem kleinen Seufzer an den Tisch. „Wenn die wüssten, wie oft ich inzwischen mit meinen Mitarbeiterinnen rede." Dann probieren die beiden den Wein und Tom schlägt vor, dass sie nach dem Essen über die Arbeit reden. „Es riecht großartig. Was gibt's denn?"

Satt und zufrieden lehnen sich die beiden zurück. Justus freut sich, dass sein Lachs a l'orange[4] so gut angekommen ist. Tom holt sein Notizbuch hervor und schreit sich das überraschend einfache Rezept auf. Dann schenkt er ihnen nach und fragt Tom, ob es einen Anlass für die Einladung gäbe.

„Wir haben Jahrestag." Tom schaut Justus verdutzt an; offensichtlich hat er keine Ahnung, wovon sein Freund spricht. Dann dämmert es ihm. „Der Kongress, bei dem wir uns wiedergetroffen haben. Stimmt, das war vor einem Jahr." Tom blättert durch sein Notizbuch und nippt dabei an seinem Glas. Anschließend schaut er auf. „Das ist eine nette Idee. Eigentlich hätte ich dich einladen sollen."

Justus winkt ab, holt ein Blatt hervor und legt es neben sich. „Wie geht es dir denn inzwischen? Damals warst du ziemlich unter Druck."

Tom betrachtet sein Glas in Ruhe von allen Seiten. „Das scheint alles so weit weg. Ich hatte schon vergessen, wie schlimm es damals war. Beruflich wie privat."

Für Justus klingt es, als sei Tom momentan recht zufrieden. Sie schauen durch das Terrassenfenster nach draußen, wo der Regen inzwischen nachgelassen hat. Hier und da blitzen die ersten Sonnenstrahlen durch die Wolken.

„Wie läuft's denn in der Abteilung?" will Justus wissen.

„Es wird. Ich komme endlich dazu, mehr an und weniger in der Abteilung zu arbeiten." Als Tom sieht, dass Justus ihn interessiert ansieht, fährt er fort. „Ich finde häufiger Zeit für Strategie und Planung. Noch nicht so viel, wie ich gerne möchte. Vermutlich wird das Gefühl, es könnte nach bessergehen, bleiben. Kennst du das auch?"

---

4 Das Rezept finden Sie im Anhang.

DOI 10.1515/9783110495553-010

„Klar." stimmt Justus zu und will wissen: „Wenn das Jahr zurückblickst, gibt es etwas auf das du besonders stolz bist?"

Tom lächelt. „Sicher, dass ich inzwischen mehr Bewerber als freie Stellen habe. Es hat sich ausgezahlt, Zeit in meine Mitarbeiterinnen zu investieren, um ihnen dann interessante Aufgaben geben zu können. Letztens habe ich übrigens eine Studentin gefragt, wie sie auf uns aufmerksam geworden ist." Auch Justus hat vorher noch nie von www.pj-ranking.de gehört.

„Da tauschen sich PJ-ler über ihre Erfahrungen aus und bewerten die jeweiligen Kliniken. Viele Studenten machen sich anscheinend sich auf der Seite vorher schlau." Justus notiert sich die Adresse auf, um sich die Seite bei Gelegenheit anzusehen.

„Gab's auf dem Weg innerhalb des letzten Jahres echte Probleme?"

Tom überlegt. „Am schwierigsten war es anfangs, mir immer wieder vor Augen zu führen, dass ich Aufgaben abgeben will. Und dann, den anderen Chefärzten klar zu machen, dass ich einige Aufgaben nicht mehr selbst mache. Irgendwann haben die jedoch gemerkt, dass ich die Aufgaben nur guten Leuten gebe."

Justus wirft einen kurzen Blick auf das Blatt neben sich. „Was ist dir rückblickend, gut gelungen?"

Tom ist sich sicher. „Unsere Ausbildung. Die ist so viel besser geworden. Inzwischen kümmern wir uns viel besser um die Leute. Das spricht sich rum. Bevor du gleich nach meiner Schwäche fragst: Ungeduld. Vermutlich will ich oft zu viel und zu schnell. Zähe Abstimmungen mit anderen Abteilungen machen mich nach wie vor wahnsinnig."

Als Justus sich für die Zusammenarbeit mit den anderen Chefärzten interessiert, schaut Tom überlegend aus dem Fenster und beobachtet, wie die letzten Regentropfen auf der Straße fallen. „Da ist bisher kaum Zusammenarbeit. Bisher verhandeln wir größtenteils die Interessen der einzelnen Chefärzte. Wenn du mich hier unterstützt, unterstütze ich dich da. Echte Gemeinschaftsarbeit, das erlebe ich bisher ganz selten."

Justus fragt ihn, wie die Kooperation mit dem Team sei. „Ich vertraue meinen Mitarbeiterinnen mehr. Das ist aber immer noch ein Prozess. Ständig tarieren wir das Einfordern und Fördern neu aus. Was glaubt die Mitarbeiterin, was sie kann? Wie sehe ich das? Was glaubt sie, was sie schafft? Wie ist mein Eindruck? Inzwischen kann ich das besser einschätzen und argumentieren. Es gibt dazu immer weniger Diskussionen."

„Auf der Skala von eins bis zehn, zehn ist das Beste: Wie schätzt du dich als Chef ein?" Tom überlegt. „Es kommt natürlich aufs Thema an. Ich schätze mal zwischen sieben und acht."

Wie ihn wohl seine Mitarbeiterinnen einschätzen würden? „Gute Frage. Justus, ich weiß es nicht. Besser als vorher auf jeden Fall. Das zeigen die Bewerbungen. Aber wie sie mich genau einschätzen? Ich weiß es nicht. Würde mich aber interessieren."

Justus blickt noch einmal kurz auf sein Blatt. „Welche Themen stehen bei dir im nächsten Jahr an?"

„Das habe ich schon mit zwei Kollegen besprochen." erklärt Tom. „Wir wollen die Abläufe zwischen den Abteilungen verbessern. Wir sind der Meinung, das Zusammenspiel hat noch viel Potential nach oben. Wir erheben viele Daten doppelt, die Abläufe sind kaum synchronisiert. Weißt du, wie oft bei uns beispielsweise für ein Röntgen-Thorax telefoniert wird? So was müssen automatische Prozesse sein, anstoßbar zum Beispiel mit einer einzigen Email. Das wäre für mich auch die erste echte Zusammenarbeit bei uns im Haus."

„Und das Privatleben?" will Justus wissen.

Tom schließt kurz die Augen und atmet erleichtert durch. „Du bekommst es doch mit. Ich habe wieder ein echtes Privatleben. Ich habe Zeit für die Kinder. Sandra und ich führen wieder eine richtige Ehe. Ich unternehme regelmäßig was mit Freunden." Damit schaut er Justus an und erhebt sein Glas, um mit ihm anzustoßen.

Justus, mit einem letzten Blick auf das Blatt: „Hast du momentan eine berufliche Weiterentwicklung im Auge?"

Tom wiegt den Kopf leicht hin und her. „Ja und nein. Ich finde, ich bin bei uns im Haus richtig. Mir fallen aber immer mehr Prozesse auf, die viel Aufwand und Geld kosten. Wie viel ich davon als Chefarzt verändern kann, weiß ich noch nicht. Vielleicht ließen sich einige Dinge als Ärztlicher Direktor leichter umsetzen. Doch das ist erst mal Zukunftsmusik. Doch sag mal: Warum fragst du das alles – und was steht auf deinem Blatt?"

Doch Justus möchte erst noch ein paar Fragen stellen. „Augenblick noch, bitte. Du sagtest gerade: Wenn die wüssten, wie oft du inzwischen mit deinen Mitarbeitern sprichst. Zu welchen Gelegenheiten sprichst du mit ihnen."

„Bei den Teambesprechungen, Visiten, Übergaben, bei Planung der Aus- und Weiterbildung, bei allen Formen von Problemen und so weiter und so weiter." zählt Tom auf. „Wie gesagt: Wir sprechen andauernd."

„Tom, das geht mir auch so. Doch bei solchen Gesprächen geht es letztendlich immer um das Lösen von Problemen oder das Steuern von Abläufen. Je mehr Vorgesetzte mit ihren Mitarbeitern über solche Themen sprechen, desto wahrscheinlicher wird es, dass gewisse Themen eben nicht besprochen werden.

Wie geht es den Mitarbeitern ganz allgemein mit ihrer Arbeit, sind sie zufrieden? Wie empfinden sie die Zusammenarbeit mit Kollegen und mit dem Vorgesetzten? Gibt es etwas, das sie bei der Arbeit behindert, etwas über das sie sich regelmäßig ärgern? Kann der Vorgesetzte helfen? Wie sind die Zukunftspläne der einzelnen? Solch eine Metaebene einzunehmen, dafür braucht es Zeit, das geht nicht nebenbei. Genau dafür sind jährliche Mitarbeitergespräche gedacht."

Tom betrachtet nachdenklich das Spiegeln der Sonnenstrahlen im Teich. „Ich glaube nicht, dass alle meine Mitarbeiterinnen darauf ehrlich antworten würden."

Justus bestätigt das aus seiner Erfahrung. „Manche würden Vorgesetzten vermutlich nie eine offene Rückmeldung geben. Manchmal lässt sich da aber doch was zwischen den Zeilen lesen. Bei welchen Antworten zögert der Mitarbeiter? Welche Frage übergeht er? Wo bleibt er sehr vage? Ich habe eine Mitarbeiterin, die sagt dann zum Beispiel *Sie haben sich bestimmt was dabei gedacht.* Ich interpretiere das mit: *Diese Entscheidung kann ich nicht nachvollziehen.*

Manche sind vielleicht vorsichtig, weil sie schlechte Erfahrung mit einer offenen Rückmeldung gemacht haben. Bei denen sollten Vorgesetzte sich für jedes vorsichtige Feedback zu bedanken und versprechen, in Ruhe drüber nachzudenken.

Insgesamt habe ich aber die Erfahrung gemacht, dass Mitarbeiter eher zu einer offenen und fairen Rückmeldung bereit sind, wenn sie die vorher selbst bekommen haben. Zudem werden die Gespräche von Jahr zu Jahr offener."

„Gibt's denn bei den Gesprächen tatsächlich Überraschendes?" will Tom wissen. Er vermutet, dass den Vorgesetzten das meiste vorher sowieso schon klar sei.

Justus: „Von einigen Punkten hatte ich keinen Schimmer." In Toms Notizbuch zeichnet er den Querschnitt eines Auges. „Sieh mal, mitten in unserem Sehfeld ist der Sehnerv. Dort sehen wir nichts. Obwohl es im Zentrum unseres Blickfeldes ist, bemerken wir nicht, dass wir dort nichts sehen."

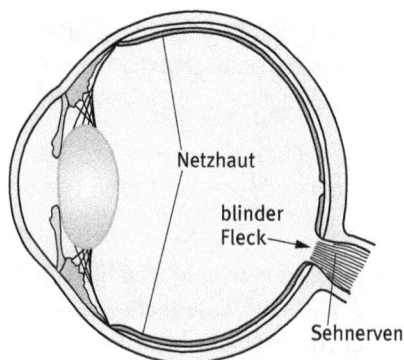

Netzhaut

blinder Fleck—

Sehnerven

„Der blinde Fleck." ergänzt Tom.

„Ich finde das einen treffenden Vergleich. Wir alle haben blinde Flecken – und solange wir nicht ausdrücklich darauf hingewiesen werden, bemerken wir sie nicht. Bei Chefärzten ist der Fleck sogar noch etwas größer.

Denn je weiter Vorgesetzte aufsteigen, umso geringer und umso gefilterter ist das Feedback, dass sie bekommen. Nachdem ich Chefarzt geworden bin, hatte ich kurzfristig tatsächlich den Eindruck, meine Scherze seien besser geworden. Schließlich lachten plötzlich alle, selbst über eher lahme Kommentare. Unheimlich, oder?"

„Humor kann also ein *Blinder Fleck* sein?" wiederholt Tom eher, als das er fragt.

„Sicher, was Vorgesetzte lustig finden, kann auf Mitarbeiter kränkend oder bedrohlich wirken. Auch unter Druck verlieren wir die Fähigkeit der Selbstreflektion.

Ich habe vor kurzem was Spannendes dazu gelesen: OP-Teams wurden befragt, wie oft es während Operationen zu verletzenden, abwertenden oder drohenden Kommentaren kam. Die Operateure zählten 6. Im gleichen Zeitraum zählten die anderen Ärzte 48. Die Pflegenden kamen sogar auf 54 Situationen oder Kommentare.[5]

Soweit zum Selbstbild in Drucksituationen. Der größte Fehler, den wir Vorgesetzte wohl machen können, ist davon auszugehen: Wir haben keine, oder nur kleine blinde Flecken."

Tom poliert sein Weinglas gedankenverloren mit der Serviette. Dann fragt er anschließend noch einmal nach dem Blatt, das neben Justus liegt.

Der reicht es ihm über den Tisch. „Das ist die Vorlage für die Mitarbeitergespräche in unserer Gesellschaft."

---

5 Eine Beschreibung der Untersuchung finden Sie im Anhang: Untersuchung Selbstbild und Fremdbild von Operateuren

Vorlage Mitarbeiterentwicklungsgespräche[6]
1. Arbeitssituation, Arbeitszufriedenheit und bisherige Leistungen
   a) Wie stellt sich Ihre jetzige Arbeitssituation dar?
   b) Wie zufrieden sind Sie mit Ihrer Arbeitssituation?
   c) Mit welchen Arbeitsergebnissen sind Sie besonders zufrieden?
   d) Welche Probleme traten bei der Arbeit auf?
   e) Wo sehen Sie Ihre Stärken und wo Ihre Schwächen?
2. Zusammenarbeit und Führung
   a) Wie erleben Sie die Zusammenarbeit mit Kolleginnen, dem Team/der Arbeitsgruppe, den Schnittstellen?
   b) Wie erleben Sie die Zusammenarbeit Führungskraft/Mitarbeiterin?
   c) Wenn Sie selbst Führungskraft sind: Wie beurteilen Sie Ihr Führungsverhalten?
3. Die Arbeitsschwerpunkte
   a) Wo sehen Sie im kommenden Jahr Ihre Arbeitsschwerpunkte?
   b) Sind Veränderungen zur besseren Vereinbarkeit von Beruf und Familie notwendig?
4. Persönliche und berufliche Entwicklung
   a) Welche Vorstellungen haben Sie hinsichtlich Ihrer beruflichen Entwicklung? Haben Sie ein konkretes Entwicklungsziel?
   b) Möchten Sie sich in Bereiche weiter qualifizieren? Wenn ja: Welche? Wie? Wann?
   c) Sonstige Fragen/Themen/Anregungen …
5. Welche zusätzlichen Fähigkeiten werden benötigt, um die genannten Ziele umzusetzen?

Zuerst bittest du deine Mitarbeiterinnen um ihre Selbsteinschätzung. Anschließend nennst du dann deine Einschätzung. Sprecht nur kurz über die Punkte, die ihr ähnlich einschätzt. Über unterschiedliche Meinungen sprecht ihr natürlich länger. Anschließend einigt ihr euch auf ein bis drei persönliche Entwicklungsziele der Mitarbeiter."[6]

Tom möchte wissen, wie lange die Gespräche typischerweise dauern. Justus erklärt, das sei ganz unterschiedlich. Wenn sich Vorgesetzte nicht vorbereiten, würden die Gespräche erfahrungsgemäß nur 15–20 Minuten dauern und beiden wenig bringen. Wenn sich beide 10–15 Minuten auf das Gespräch vorbereiten, dann kämen sie auch auf die wichtigen Punkte zu sprechen. „Ich höre auch von anderen, dass aussagekräftige Mitarbeitergespräche circa eine Stunde dauern."

„Gibt's ein Protokoll?" will Tom wissen.

„Guter Punkt. Ja. Weil das Gespräch vertraulich ist, bleibt es im Büro des Vorgesetzten. Die Mitarbeiter bekommen eine Kopie. Es kommt also nicht in die Personalakte, oder so."

---

6 Auf folgender Seite können Sie die Vorlage kostenlos herunterladen.
http://www.kompetenz-im-krankenhaus.de/downloads

Rahmenbedingungen des Mitarbeiterjahresgesprächs
- jährlich
- circa 1 Stunde
- Strukturiert anhand einer Vorlage
- offener Dialog
- Ergebnisprotokoll
- Inhalte bleiben vertraulich zwischen Mitarbeiter und Vorgesetzten

Anschließend schaut er auf. „Zielvereinbarungen sind was anderes, oder?"

Justus erklärt ihm die Unterschiede. „Die Ziele in den Mitarbeiterentwicklungsgesprächen orientieren sich an der persönlichen Entwicklung der Mitarbeiter.

Da geht es um
- Arbeitszufriedenheit & -organisation
- Zusammenarbeit und Führung
- künftige Aufgaben
- Gesundheit

Zielvereinbarungen haben einen anderen Fokus."

8 Zielvereinbarungen

„Bei Zielvereinbarungen leiten sich die Ziele der Mitarbeiter aus den Unternehmenszielen ab.

Typischerweise plant der Vorstand oder die Geschäftsführung die Unternehmensentwicklung und bespricht das anschließend mit der ersten Führungsebene. Deren Aufgabe ist es dann, diese Ziele zu operationalisieren.

Die erste Führungsebene gliedert die Ziele weiter auf und bespricht sie mit den Leitungen.

Die Leitungen gliedern sie auf die Verantwortungsbereiche ihrer Führungskräfte auf und die machen dann die Absprache mit ihren Mitarbeitern. Bei uns sieht das ungefähr so aus."

Dazu zeichnet Justus folgende Skizze.

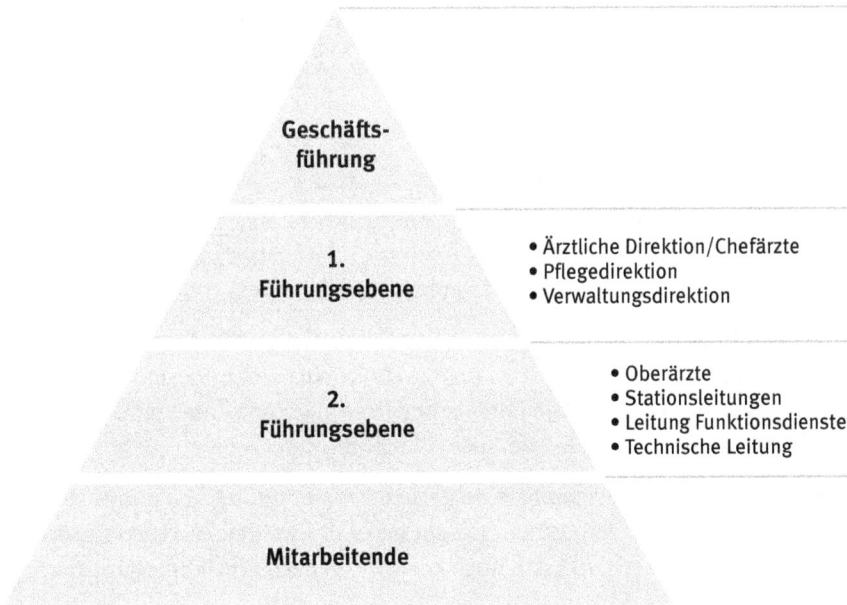

Bei Zielvereinbarungen werden die Ziele der Mitarbeiter von den Unternehmenszielen abgeleitet, sozusagen top-down.

Im Gegenzug sagen die Mitarbeiter, welche Kompetenzen und Mittel sie benötigen, um ihr Ziel erreichen zu können.

DOI 10.1515/9783110495553-011

Die Führungskräfte sammeln den Bedarf und melden ihn an die Vorgesetzten oder an die Personalentwicklung, also bottom-up.

Top-down

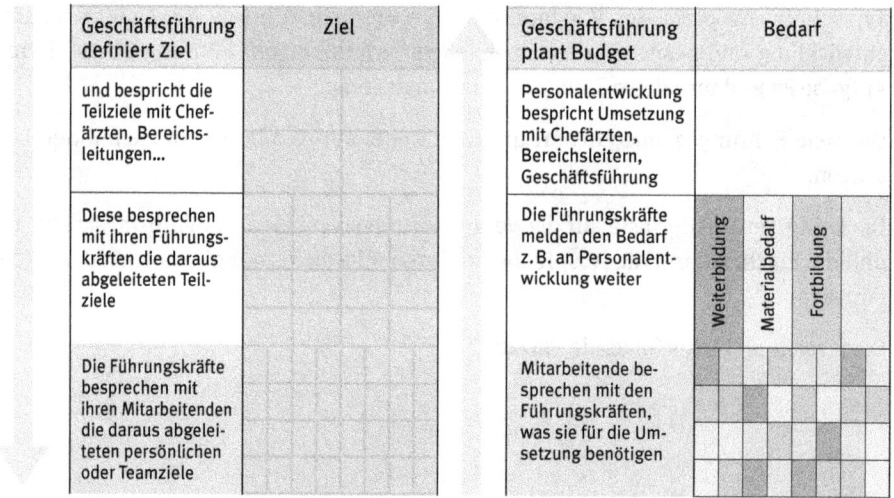

Bottom-up

Während er sich noch Notizen macht, fragt Tom: „Die beiden Prinzipien habe ich verstanden, die Verfahren sind auch klar. Was mir noch fehlt ist: Warum eigentlich Ziele, es reicht doch, wenn jeder eine gute Arbeit macht?"

Justus erklärt ihm den Unterschied zwischen *guter Arbeit* und *Zielen*: „Zuerst einmal die Zahlen. Wenn es uns gelingt, dass unsere Mitarbeiter jedes Jahr nur 10 % besser werden, dann sind sie nach sieben Jahren doppelt so gut. Denk daher nicht nur an die großen Entwicklungsschritte. Es geht nicht immer um den Facharzt.

Letztens hatte ich ein Zielvereinbarungsgespräch, bei dem ich nach drei Minuten dachte: Wir könnten hier abbrechen. Das ist eines der weitreichendsten Gespräche bisher geworden." Tom schenkt sich noch etwas Wein nach und lehnt sich zurück.

„Wir setzten uns und ich startete mit: „Ich möchte mich heute mit Ihnen über Ihre Ziele im nächsten Jahr unterhalten." Da machte die Kollegin sofort zu. *Jetzt kommen Sie mir bloß nicht, mit Zielen. Ich bin jetzt 52 und habe letztes Jahr einen weiteren Facharzt gemacht. Ich habe gerade echt genug von Zielen.*

Mehr aus Verlegenheit fragte ich, wie sie sich von dem Stress auf der Arbeit erholen würde. Sie erzählte mir, sie hätte mit Nordic walken angefangen. Sie ginge drei, vier Mal in der Woche in den Wald. Die Gegend ums Krankenhaus sei absolut ideal, da es je nach Stimmung und Zeit leicht bis anspruchsvolle Routen gäbe, manche kurz, andere lang.

Wir überlegten, ob sie die Wege in eine Karte einzeichnen könne, für unsere Patienten und Besucher. Nach ein paar Tagen hatte sie schon eine kleine Wanderkarte fertig, mit eingezeichneten farbigen Wegen. Ein paar Wochen später hatte sie dann kleine Markierungen an den Bäumen und Masten angebracht. Inzwischen nutzen sogar unsere Therapeuten die Karte, indem sie mit den Patienten Trainingspläne ausarbeiten. Vor ein paar Monaten war die Lokalzeitung da und seitdem kommen immer mehr Wanderer und fragen nach der Karte oder gehen in die Cafeteria eine Kleinigkeit essen. Wir nutzen das natürlich gleich als Werbemöglichkeit für uns.

Mir ist dabei noch deutlicher geworden, dass es nicht primär darum geht, eigene Ziele durchzusetzen. Viel wichtiger ist es, sich mit der Situation der Mitarbeitenden auseinander zu setzen, ihnen zuzuhören und ihre Interessen zu berücksichtigen."

Inzwischen hat der Regen ganz aufgehört und die beiden beschließen, sich in den Garten zu setzen und die Sonne zu genießen.

Anhang

1 Untersuchung – Selbstbild und Fremdbild von Operateuren

Im Rahmen der Untersuchung haben Operateure acht Ärzte und acht Mitarbeiter anderer Berufsgruppen um eine anonyme Einschätzung gebeten: „Wie schätzen sie meine fachliche Kompetenz ein und wie angemessen empfinden Sie meine Kommunikation während der Operation?"

Für ein umfassenderes Bild wurden auch Patienten zu der Einschätzung von Kompetenz und Kommunikation der Operateure befragt. Um auch von ihnen insgesamt acht Rückmeldungen zu bekommen, wurden Patienten an der Anmeldung gefragt, ob Rückmeldung zu dem sie behandelnden Chirurgen geben möchten.

Die Ergebnisse:
- Unabhängig von Ihrer Rolle / Aufgabe sehen die Fremdbeurteiler den jeweiligen Arzt ähnlich. Es gab eine Varianz von 8 %.
- Das Selbstbild der Chirurgen zur kollegialer Zusammenarbeit unterscheidet sich deutlich von dem, der ihn einschätzenden Kollegen. Hier gab es eine Varianz von 42 %.
- Das Selbstbild der Chirurgen zur ihrer fachlichen Kompetenz unterscheidet sich von der Fremdeinschätzung mit einer Varianz von 42 %.
- Der Unterschied hinsichtlich der Zusammenarbeit mit anderen Berufen ist noch größer – mit einer Varianz von 57 %.
- Den größten Unterschied zwischen Selbstbild und Fremdbild gab es bei der Einschätzung, wie gut Chirurgen aus Sicht der Patienten zuhören; wie sehr sie bemüht sie Sicht der Patienten zu verstehen und wie gut sie in der Lage sind medizinische Sachverhalte zu verstehen. Das Selbstbild unterscheidet sich vom dem ihrer Patienten mit einer Varianz von 60 %.

Möglichkeiten das Selbstbild mit dem Fremdbild abzugleichen:
1. Fragen Sie Kollegen und Mitarbeiter der verschiedenen Berufsgruppen „Wie empfinden Sie die Zusammenarbeit mit mir?" Halten Sie ggf. die dann entstehende Pause einige Sekunden aus und wiederstehen Sie der Versuchung die Frage mit einer zweiten und dritten Frage zu ergänzen. Ihr Gegenüber braucht schließlich Zeit zu überlegen, wie ernst sie die Frage meinen und welches Risiko eine offene Antwort mit sich bringen könnte. Welche Antwort nun auch immer kommt: Hören Sie zu, lassen Sie den Anderen aussprechen und rechtfertigen Sie sich nicht. Eine Rechtfertigung würde schließlich nur bedeuten, dass Sie nicht bereits sind, ihr Verhalten zu überdenken oder gar zu verändern. Ziegen Sie, dass Sie wirklich an der Antwort interessiert sind. Fragen Sie, was damit genau gemeint ist und lassen Sie sich ggf. Beispiele geben. Bedanken Sie sich anschließend für das Feedback und sagen Sie, dass Sie darüber nachdenken werden.

2. Was ist, wenn Sie eine nichtssagende Antwort erhalten? Auch das ist vermutlich ein aussagekräftiges Feedback. Vielleicht traut sich Ihr Gegenüber nicht, Ihnen gegenüber offen zu sein. Denken Sie darüber nach – und fragen Sie dazu jemanden Ihres Vertrauens, was er oder sie davon hält.

3. Die Untersuchung hat übrigens gezeigt, dass für ein konsistentes Feedback bereits die Rückmeldung von fünf Berufskollegen, fünf Mitarbeitern und elf Patienten ausreicht.

4. Fragen Sie Ihre Liebsten. Oft bekommen wir dort am ehesten eine ehrliche Rückmeldung. Werden Sie hellhörig, wenn es heißt: „Ich weiß ja, dass du das nicht so meinst." Andere wissen das vermutlich nicht.

5. Füllen Sie den Fragebogen „Wie führen Sie Kritikgespräche?" (Anhang 2) aus.

2 Fragebogen – Wie führen Sie Kritikgespräche?

		Trifft eher zu
Ab und zu nutze ich Teambesprechungen, um kritische Punkte zu besprechen. Die Betreffenden wissen schon, wer gemeint ist.	N	
Auf Kritikgespräche bereite ich mich möglichst vor.	L	
Auseinandersetzungen empfinde ich oft bedrohlich.	N	
Es kommt vor, dass ich Kritikgesprächen passent führe, z. B. auf dem Flur oder vor anderen.	D	
Es kommt vor, dass ich lauter werde.	D	
Hin und wieder vermeide ich daher Kritikgespräche, zum Beispiel, wenn das Thema unangenehm ist oder ich nicht weiß, wie es etwas ausdrücken soll.	N	
Ich befürchte, dass Mitarbeiter kündigen könnten, wenn ich meine Kritik offen ausspreche.	N	
Ich gestehe meinen Mitarbeiter/innen zu, dass sie auch mal wütend sein können.	L	
Ich habe Sorge, dass durch ein Kritikgespräch anschließend die Stimmung oder die Beziehung leidet.	N	
Ich vermeide Kritikgespräche, bis ich mich beruhigt habe.	L	
Ich versuche Kritikgespräche möglichst zu vermeiden.	N	
Im Beruf geht es um Fakten, nicht um Emotionen.	D	
Im hektischen Krankenhausalltag fehlt mir oft die Zeit, ein Kritikgespräch vernünftig zu planen.	D	
Kritik und Konflikte bringen oft was Positives hervor.	L	
Kritik und Diskussionen führen meist zu nichts.	N	
Kritikgespräche führe ich möglichst in dem Augenblick, in dem der Fehler aufgetreten ist.	D	
Kritikgespräche sind mir unangenehm.	N	
Manchmal fällt es mir schwer, das Verhalten meiner Mitarbeiter zu verstehen.	D	
Manchmal verstehen meine Mitarbeiter nicht, wie wichtig mir etwas ist.	D	
Meist kann ich mich gut, in die Situation anderer versetzen.	L	
Mir wäre es sehr unangenehm, wenn ich Mitarbeiter versehentlich kränken würde.	N	
Nachgeben kann zu besseren Ergebnissen führen, als zu versuchen sich immer durchzusetzen.	L	
Ohne eine starke Hand kommt es schnell zu mangelnder Disziplin.	D	
Selbst in harten Verhandlungen kann ich gut nachgeben.	L	
Wenn es der Sache nützt, kann ich auch über meinen Schatten springen.	L	
Wenn ich wütend oder ärgerlich bin, dürfen meine Mitarbeiter das ruhig merken.	D	
Wenn mich jemand gekränkt hat, spreche ich das offen an.	L	

3 Auswertung – Wie führen Sie Kritikgespräche?

Wie oft haben Sie D, N und L angekreuzt?

Die Punktzahl ist ein Hinweis, zu welchen Konflikt- und Kritikstrategien Sie neigen.

D = Durchsetzungsstark und Dominanz kann
–   selbstbewusst wirken.
–   andere ungewollt kränken.
–   Anzeichen sein, schlecht zuhören zu können.
–   sich oft wenig in die Situation des Anderen versetzen.
–   kann Beziehungen dauerhaft schädigen und dadurch die Zusammenarbeit erschweren.
–   der Wunsch sein, sich durchzusetzen oder gewinnen zu wollen, statt nach der besten Lösung zu suchen.

Solange man selbst redet, erfährt man nichts.

Marie von Ebner-Eschenbach

N = Nachgiebig und konfliktvermeidend sein, kann
–   Harmonie erzeugen.
–   bedeuten, wichtigen Konflikten aus dem Wege zu gehen.
–   zu „faulen" Kompromissen führen, die als neue Konflikte zurückkommen.
–   Chancen übersehen, schwierige Beziehungen oder Situationen nachhaltig zu verbessern.
–   heißen, dass der Klügere nachgibt. Manchmal, bis er der Dumme ist.
–   auf Andere „nicht gesprächsbereit" wirken.

Jede schwierige Situation, die du jetzt meisterst, bleibt dir in Zukunft erspart.

Dalai-Lama

L = Lösungsorientiert kann heißen, dass
–   Sie uneitel wirken.
–   Sie in der Regel versuchen, sich in die Lage Anderer zu versetzen.
–   Sie versuchen mit dem Anderen Lösungen zu finden.
–   Ihnen Kooperation wichtiger ist, als das Gefühl, zu gewinnen oder zu verlieren.
–   Sie inzwischen viel Routine im Lösen von Konflikten haben.
–   Andere Sie als Gesprächspartner schätzen.

Ein Problem zu lösen heißt, sich vom Problem zu lösen

Johann Wolfgang von Goethe

4 Namensverzeichnis

Manchen wird es aufgefallen sein: Die Namen der Mitarbeitenden sind von deutschen Rebsorten abgeleitet.

Trollinger ist in Württemberg ist die meistangebaute Rotweinsorte.
Blauer Lemberger erreicht in Württembergs guten Lagen Spitzenqualität
Regent ist eine Neuzüchtung. Sie liefert feurige, beinahe südländische Weine.
Saint Laurent erlebt momentan eine Renaissance in Deutschland.
Kerner entstand 1929 durch die Kreuzung von rotem Trollinger und weißem Riesling.
Gutedel. Der geschmacksneutrale Charakter der Gutedelrebe bringt das Terroir im Wein gut zum Ausdruck.
Ortega. Feine Frucht und pfirsischartiges Bukett mit Auslese-Niveau.
Elbling gehört mit seiner 2000-jährige Anbautradition zu den ältesten kultivierten Weißweinreben Europas.

Justus nennt seine Freunde gerne nach den Freunden berühmter Helden. Unklar bleibt, wer die Namensgeber von Justus Jonas und Tom Major sind.

Angelo Dundee & Muhammad Ali. Justus könnte sich aber auch auf andere Boxer beziehen. Schließlich hat Angelo Dundee fünfzehn Weltmeister trainiert.

- Chewie (Chewbacca) & Han Solo, Star Wars
- Dory & Nemo, Findet Nemo
- Dr. Emmet Brown & Marty McFly, Zurück in die Zukunft
- Dr. Livingston, Henry Morton Stanley, How I found Livingston
- Dr. Watson & Sherlock Holmes, Die Abenteuer des Sherlock Holmes
- Eckermann & Goethe, Gespräche mit Goethe
- Franz & Karl, Die Räuber (Schiller)
- Harry & Derrik, Derrick
- Horatio & Hamlet, Hamlet
- Jake & Elwood, Die Blues Brothers
- John Connor & Terminator, Terminator
- K.I.T.T. & Michael Knight, Knight Rider
- Legolas & Bilbo, Der Hobbit
- Little John & Robin Hood, Robin Hood
- Luke & Darth Vader, Star Wars
- Moneypenny & James Bond, James Bond
- Queequeq & Ismael, Moby Dick
- Robin & Batman, Batman
- Sam & Rick, Casablanca. Leutnant Renault ist übrigens der Bösewicht des Films und taucht hier ab und zu als Dr. Dr. Renault auf.
- Samwise Gangee & Frodo, Herr der Ringe
- Trinity & Neo, Matrix
- Wilson & Chuck Noland, Cast Away

5 Justus' Rezept

Lachs in Orangensauce/Salmone in salsa d'arance

Pro Portion 1 Scheibe frischer Lachs

Die Sauce
- 1 Esslöffel Zitronensaft
- Salz
- frisch gemahlener Pfeffer
- 30 g Butter
- 1 rote Zwiebel oder 2 Schalotten
- 4 Esslöffel gemischte frische Kräuter
- 250 ml Fischfond
- 125 ml trockener Weißwein
- 2 EL Kapern aus dem Glas
- 1 Becher Crème fraîche
- Saft von 2 frischen Orangen
- 1 ganze Orange

Die Lachsscheiben (Lachssteaks) abspülen und trockentupfen, mit Salz und Pfeffer einreiben.

Die Zwiebel/Schalotten fein hacken und in Butter glasieren, ohne sie zu bräunen.

Gehackte Kräuter hinzufügen und mit Fischbrühe und Weißwein aufgießen.

Die Kapern hinzugeben und alles kurz aufkochen lassen, dann Crème fraîche einrühren.

Mit Salz, Pfeffer und Organgensaft abschmecken.

Lachsscheiben in der Sauce 3–5 Minuten unter einem Deckel garen, ohne dass es kocht.

Die Orange schälen und die weiße, bittere Haut entfernen. Die Orange filetieren oder in feine Scheiben schneiden und auf den Lachs legen.

Auf tiefem Teller servieren.

6 Mehr Material und Informationen

Zusätzliches Material: Unter www.kompetenz-im-krankenhaus.de finden Sie noch mehr Material, das Sie bei Ihrer Arbeit unterstützt.

Podcasts: Ein Podcast ist eine Radiosendung, die Sie im Internet mit dem PC oder mit einem Smartphone zeitsouverän anhören können.

In *Das Stethoskop* beschäftigen wir uns mit Kommunikation und Mitarbeiterführung im Krankenhaus.

Im *Krankenhaus-Radio* sprechen wir über interessante Neuigkeiten aus dem Krankenhaus-Management.

Sie finden die Podcasts zum Beispiel bei iTunes. Sie können sie auch unter *www.kompetenz-im-krankenhaus.de/podcast* hören, herunterladen oder abonnieren.

Mit dem Info-Brief können Sie kurze Tipps als Email abonnieren. *www.kompetenz-im-krankenhaus.de/info-briefe*

Podcasts und Info-Briefe sind kostenlos. Einige Downloads sind kostenpflichtig. Wir schicken sie Ihnen aber gerne kostenlos zu, wenn Sie sich auf dieses Buch beziehen.

Vielen Dank für Ihr Interesse.

9 783110 495461